(IN)FELICIDADE PARA CORAJOSOS

LUIZ FELIPE PONDÉ

(IN)FELICIDADE PARA CORAJOSOS

EXERCÍCIOS FILOSÓFICOS

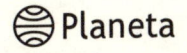

Planeta

Copyright © Luiz Felipe Pondé, 2021
Copyright © Editora Planeta do Brasil, 2021
Todos os direitos reservados.

Preparação: Amanda Moura
Revisão: Carmen T. S. Costa e Vivian Miwa Matsushita
Diagramação: Vivian Oliveira
Capa: Departamento de criação da Editora Planeta do Brasil

DADOS INTERNACIONAIS DE CATALOGAÇÃO NA PUBLICAÇÃO (CIP)
ANGÉLICA ILACQUA CRB-8/7057

Pondé, Luiz Felipe
 (In)Felicidade para corajosos: exercícios filosóficos/ Luiz Felipe Pondé. -- 1. ed. -- São Paulo: Planeta, 2021.
 176 p.

ISBN 978-65-5535-541-3

1. Filosofia 2. Felicidade 3. Homem - Autossuficiência I. Título

21-3944   CDD 100

Índice para catálogo sistemático:
1. Filosofia

Ao escolher este livro, você está apoiando o manejo responsável das florestas do mundo

2021
Todos os direitos desta edição reservados à
Editora Planeta do Brasil Ltda.
Rua Bela Cintra, 986 – 4º andar
01415-002 – Consolação
São Paulo-SP
www. planetadelivros.com.br
faleconosco@editoraplaneta.com.br

"Às vezes é necessário fazermos o luto da felicidade para sermos alegres."
Thibault de Montaigu, **La Grâce**

"Providência ou contingência?"
Marco Aurélio, **Máximas**

SUMÁRIO

ABERTURA
O PROBLEMA DA INSUFICIÊNCIA 11

NOTA 1. COMEÇANDO PELO LUTO DA FELICIDADE,
SEJA LÁ O QUE ISSO FOR 17
NOTA 2. A ESTÉTICA, A DRAMÁTICA E A LÓGICA DA FELICIDADE
E DA INFELICIDADE – UM MÉTODO 21
NOTA 3. O DESAFIO DE MACBETH 25
NOTA 4. VIDA COMO AGENDA DE METAS E MÉTRICAS 33
NOTA 5. A CONTINGÊNCIA COMO VÍNCULO CEGO:
A MÃE DE TODA A INFELICIDADE 37
NOTA 6. A SABEDORIA ANCESTRAL ACERCA DA CEGUEIRA
DA VONTADE DOS DEUSES 43
NOTA 7. A INFELICIDADE COMO RESULTANTE DO PROJETO
TOTALITÁRIO MODERNO DE CONTROLE DA
CONTINGÊNCIA..................................... 47
NOTA 8. O CULTIVO DO JARDIM: UMA DEFINIÇÃO
DE FELICIDADE 51
NOTA 9. O TÉDIO DO SUCESSO 57
NOTA 10. PROGRESSO COMO INFELICIDADE 61
NOTA 11. FELICIDADE COMO AFETO E SIGNIFICADO 65
NOTA 12. NÃO HÁ MÉTODO PARA HUMANIZAÇÃO 69
NOTA 13. MISERICÓRDIA 75
NOTA 14. A MODA INFELIZ.................................. 79
NOTA 15. *A FUGA MUNDI* COMO MÉTODO 81
NOTA 16. MENTIRA COMO PROJETO DE VIDA SOCIAL 85
NOTA 17. O QUE VOCÊ QUER SER QUANDO ENVELHECER? 89
NOTA 18. O FRACASSO HUMANIZA, NÃO O SUCESSO............. 95
NOTA 19. *SOFT SKILLS*: A CORRUPÇÃO DAS HUMANIDADES 99

NOTA 20.	AUTOSSUFICIÊNCIA MORAL	103
NOTA 21.	A CONSTANTE ESTOICA	107
NOTA 22.	O PROBLEMA DA RESTRIÇÃO DE RECURSOS DA NATUREZA HUMANA: A IMPERFEIÇÃO COMO CONDIÇÃO DA VIDA	113
NOTA 23.	O TEMPO SOCIOLÓGICO ACELERADO DA MODERNIDADE COMO MATRIZ DE UMA NOVA FORMA DE INFELICIDADE	117
NOTA 24.	INTELIGÊNCIA EMOCIONAL: A FALSA VIDA DAS EMOÇÕES	121
NOTA 25.	VERDADE E FELICIDADE	125
NOTA 26.	A (IN)FELICIDADE DA SAÚDE PLENA	129
NOTA 27.	NA FORÇA DO ÓDIO	133
NOTA 28.	DINHEIRO COMPRA FELICIDADE E AMOR?	135
NOTA 29.	FELICIDADE E MAL-ESTAR	139
NOTA 30.	TRANSUMANISMO: UMA HISTÓRIA DE SUPERAÇÃO?	143
NOTA 31.	O APAGÃO DO DESEJO COMO FELICIDADE	147
NOTA 32.	FELICIDADE PARA IDIOTAS	151
NOTA 33.	A INFELICIDADE CORPORATIVA	155
NOTA 34.	A POLÍTICA, A NATUREZA, A RACIONALIDADE E A UTILIDADE	159
NOTA 35.	DEUS ME LIVRE DE SER FELIZ	163
NOTA 36.	O SÉCULO XXI SERÁ DA MENTIRA E DA PSIQUIATRIA	165

CONCLUSÃO
UMA PEQUENA NOTA SOBRE O REPOUSO NA INSUFICIÊNCIA 167

ABERTURA
O problema da insuficiência

Você tem fome e não come, sede e não bebe água. Seria seu fim imediato. Depende do amor de alguém pra sobreviver quando criança, na idade adulta depende do desejo de alguém pra se sentir relevante, depende do reconhecimento da sociedade pra ser alguém, enfim, se não tomar remédios, morre, um vírus invisível te mata, a velhice acaba por vencer você aos poucos. Isso não é uma descrição pessimista, mas a realidade como ela é. Em filosofia, descrevemos essa condição como insuficiente. Nenhuma criatura é suficiente por si mesma, não é causa de si mesma, nem se mantém por si mesma. Essa é a insuficiência estrutural da condição de criatura. Nós somos a única criatura que sabe disso e tenta esquecer o tempo todo. Essa condição é a protagonista de nosso percurso aqui. Não se esqueça dela em nenhuma das notas a seguir.

O homem é um animal insuficiente. Ele é mortal, vulnerável e dependente. Essa afirmação parece óbvia, mas não é. Se olharmos de perto essa insuficiência, veremos, talvez, o drama da infelicidade estrutural da espécie. E o esforço pra esquecê-lo.

O antropólogo Ernest Becker, na primorosa *A negação da morte*, dizia que gastamos muita energia psíquica reprimindo o afeto desesperado da morte, apesar de que a representação intelectual dela permanece em nossa consciência, seguindo, claro, o modelo da metapsicologia psicanalítica. Num outro livro antes desse, *The Birth and Death of Meaning*, até onde sei, sem tradução no Brasil, o autor afirma que o problema do significado da vida consciente na Terra como um todo, ou seja, a pergunta do porquê das coisas, é uma busca eminentemente humana, que desapareceria com o fim da espécie, o que deve acontecer de qualquer jeito, nalgum momento no distante futuro, como afirma, por exemplo, o historiador Niall Ferguson no seu *Catástrofe*. Sendo assim, a busca pelo significado é um problema autorreferencial da espécie *Homo sapiens* e morrerá com ela.

Mas, o que isso tem a ver com a insuficiência estrutural da condição humana? O homem, assim como todo ser vivo, não é autossuficiente. As espécies devoram umas às outras ao longo de toda a história da vida no planeta, e isso não vai mudar, a despeito dos delírios fanáticos dos veganos regredidos mentalmente. Essa violência estrutural já foi objeto de reflexão de gente diferente como os heréticos do paleocristianismo conhecidos como gnósticos, e até de filósofos sofisticados como Schopenhauer no século XIX e cineastas como Lars von Trier, no século XXI. Para além desse fato, a insuficiência significa inviabilidade fisiológica a médio ou longo prazo no plano ontológico e também dependência afetiva para com o mundo e as pessoas à nossa volta – todo dia estamos à beira de uma crise de baixa autoestima, pelos mais diversos motivos. Não à toa grande parte da literatura duvidosa de autoajuda que oferece modelos de felicidade ao portador vende sempre variações de programas de autossuficiência.

Apesar de o debate ter quase 2 mil anos (mas não iremos tão longe assim, fique tranquilo), fica posto, na abertura destes exercícios filosóficos – que visam nos levar a ver, de modo modesto, como o tema da felicidade e da infelicidade não se presta à oferta em economia de escala de modelos de salvação –, que a estrutura insuficiente, dependente e vulnerável, nos torna escravos da busca de superar tal condição, coisa que, muito provavelmente, nunca conseguiremos. A felicidade, nesse contexto, aparece como um breve instante, num drama em que a infelicidade tem o papel de protagonista em nossa história. É esse drama que seguimos nas próximas notas. É esse protagonista das nossas vidas, a infelicidade, que pretendemos enfrentar. E sempre que a humanização aparecer ao longo das notas, nos referimos a isto: à capacidade de viver com essa insuficiência, da forma menos pior possível.

Último detalhe: o caminho das notas é tortuoso, propositadamente. Você pode ler as notas na ordem que quiser. Não pense que existe aqui um sistema de pensamento a serviço da felicidade. Existe sim um exercício de enfrentamento da infelicidade na forma como ela se apresenta na vida real: cheia de idas e vindas, sem necessariamente chegar a lugar nenhum.

E quase esqueci: por que exercícios de filosofia? Na esteira do grande historiador da filosofia antiga Pierre Hadot, proponho algumas poucas notas para que você medite sobre elas. Não as leia rapidamente só pra dizer que leu. Pare, leia de novo, repita pra si algumas frases, e veja em que medida elas o preparam para a realidade que sempre nos assola.

E se perceber algum indício de redundância em meio a essas poucas notas, saiba que tem razão. Lembre que todo exercício pressupõe repetição. Aqui, especificamente, essa repetição está a serviço do fato de que, apesar de você ler o livro todo – espero –, ao final, guardará apenas algumas ideias em meio às milhares de coisas que o dia a dia demanda pra combater a infelicidade sistêmica do mundo, e, portanto, a redundância é um método para que você saia da leitura um pouco mais feliz com sua inteligência. Nesse caso, afinal, você terá entendido alguma coisa.

NOTA 1

Começando pelo luto da felicidade, seja lá o que isso for

A obsessão pela felicidade sempre me pareceu entediante. Coisa de gentinha. Brega. O mercado de autoajuda prova isso: quem escreve e quem consome mente um para o outro. Quem escreve é um picareta, quem lê é um retardado. Mas há algo de verdadeiro, apesar de não honesto, nesse nicho de mercado. A infelicidade é a senhora da vida, por isso tal demanda desesperada impera. E o desespero é, afinal de contas, entre todas as tentações do pecado, a maior. Se o que acabei de dizer vale para uma grande parte da teologia ocidental, isso significa que o desespero é um grande pecado capital.

"FELICIDADE É UM ESTADO QUE PERTENCE AO ÂMBITO DE MUITAS VIRTUDES E HÁBITOS, QUANDO NÃO DO MILAGRE E DA GRAÇA, E JAMAIS DE FÓRMULAS PRONTAS."

Mas o que significa começar por fazer o luto da felicidade? Antes de tudo, quer dizer caminhar no sentido oposto ao discurso do mundo contemporâneo, tomado pela tirania da felicidade e do sucesso. Significa que, ainda que pareça um contrassenso, desistir da busca enlouquecida pela felicidade, e saber que ela é algo que normalmente acontece quando você está ocupado fazendo outra coisa, pode ajudar a conseguir um pouco de paz, coisa que todo mundo procura, e pouquíssimos encontrarão um dia. A ordem das coisas do mundo de hoje desconhece essa condição: desistir da felicidade é uma forma de chegar mais perto dela, assim como saber-se mau é estar mais perto de Deus, e não o contrário.

Minha crítica ao mercado de autoajuda, às fórmulas motivacionais, enfim, ao culto do sucesso, tem credenciais de peso. Este livro é uma narrativa dessas credenciais. Minha intenção não é oferecer uma obra sobre a infelicidade, de modo algum. Mas, sim, deixar claro que o que quer que seja esta coisa chamada "felicidade", ela é um estado que pertence ao âmbito de muitas virtudes e hábitos, quando não do milagre e da graça, e jamais de fórmulas prontas. Coragem, humildade, misericórdia, perdão, reconhecimento do desamparo são da família da felicidade, muito mais do que ideias comuns hoje em dia, como assertividade, metas, métricas e foco. O marketing é uma das ciências dedicadas ao desespero.

Percorremos alguns territórios em que essa dramática da felicidade e da infelicidade se apresentam. Se só os pecadores verão a Deus, se só os neuróticos verão a Deus e se só os cegos verão a Deus, então podemos arriscar que só os que desistem da busca desenfreada pela felicidade verão a Deus. E para aqueles pobres de espírito que acham que esse percurso é alguma forma de ode ao fracasso, só posso dizer: Eu vos perdoo por não saberem o que falam.

NOTA 2

A estética, a dramática e a lógica da felicidade e da infelicidade – um método

O teólogo suíço Hans Urs von Balthasar dizia que a manifestação da glória de Deus no mundo segue uma trajetória. Uma primeira, estética, ou seja, o impacto que Sua presença causa em nossos órgãos dos sentidos, muitas vezes desenhando no horizonte das sensações e percepções uma experiência descrita por Freud como sentimento oceânico, o pertencimento a uma ordem de sofrimento, mas também de doçura e beleza. Uma segunda, dramática, em que a ação movida por essa beleza se faz realidade material no mundo (material aqui quer dizer social, histórico, político e existencial). E por último, a lógica, um mundo em que pensamos, refletimos e produzimos conceitos sobre essa presença.

Apesar de que nos interessa aqui tanto a estética quanto a lógica da felicidade e do seu oposto, nosso principal foco neste breve ensaio é a dramática. As sensações que nos acometem em ambos desses estados do afeto (dimensão estética) e a trama de conceitos que podemos construir quando refletimos sobre eles (dimensão lógica) são essenciais, e algumas das notas que apontaremos na sequência são fenômenos desses dois campos. Entretanto, a dramática é que mais nos interessa aqui porque felicidade e infelicidade são ações, e falar do drama delas é refletir sobre a realidade concreta de ambas no mundo. Somos os personagens dessa ação.

A escolha desse "método" não significa que discutiremos esses afetos opostos como fenômenos necessariamente internos à esfera teológica – o que de fato não é o caso –, mas, simplesmente, que percorremos dimensões estéticas (sensações), dramáticas (ações) e lógicas (conceituais) da experiência de felicidade e infelicidade.

Talvez, por isso, podemos dizer que nossa indagação central é se a fala de Macbeth, na peça homônima de Shakespeare, é verdadeira ou falsa: seria a vida um drama narrado por um idiota, um ator correndo de um lado para o outro do palco, cheio de som e fúria, significando nada? Estas breves notas filosóficas são uma tentativa de enfrentar o desafio de Macbeth.

NOTA 3

O desafio de Macbeth

Onde Macbeth errou? O que o impedia de ser rei? A vontade de Deus? Num mundo medieval, onde se passa a história, ou mesmo no renascimento elisabetano em que viveu Shakespeare (entre os séculos XVI e XVII), até posso esperar que assim pensassem seus habitantes, mas hoje, não. Reis não são reis porque Deus quer, mesmo para aqueles que ainda acreditam em Deus, a soberania de um soberano emana do povo, das suas instituições e da espada. Portanto, o desafio de Macbeth, que o torna um irmão nosso, não é o contexto medieval que o faz ir além do que devia porque um rei é rei por vontade de Deus, e quando você o mata, comete regicídio, mais do que homicídio; o desafio de Macbeth é a questão do limite, da desmedida que separa uma possível felicidade de uma real infelicidade.

Há duas questões em Macbeth que nos interessam nestas notas. A primeira, enunciada na nota 2, refere-se à existência ou não de um roteirista na nossa vida, e se ele é ou não um idiota. A segunda tem a ver com o limite de até onde posso ir para realizar meu sonho (no caso dele, ser rei da Escócia, matando o bom rei Duncan). Ambas questões são infernais, e quem pensa resolvê-las com um workshop para assertividade mente. Mas hoje isso não é um problema, já que o século XXI será do marketing – a mais moderna ciência da mentira – e da psiquiatria – drogando-nos para gerar boas memórias e bons afetos, eliminando quase toda consciência triste, essa grande descoberta infeliz feita no século XIX pelo filósofo dinamarquês Søren Kierkegaard: só o fracasso nos faz adultos.

A primeira questão será pretexto de muitas das notas que seguem, porque muito do que se entende por felicidade sempre se relacionou à expectativa de sentido nas coisas, ou, dito a partir das palavras de Macbeth, o roteirista não seria um idiota, o som e a fúria da vida não seriam desperdiçados num roteiro que nada significa. A suposição de um roteiro escrito por alguma entidade sábia (Deus ou similar) atribui sentido às ações do ator, enfim, às nossas ações. A afirmação de Macbeth, ao contrário do que acabo de dizer, negaria qualquer sentido às nossas ações, logo, seríamos infelizes.

Para além do cenário mais abstrato dessa descrição, diríamos, mais conceitual, no plano do drama cotidiano da nossa vida, supor sentido nas coisas é ter expectativa de uma resposta feliz para nossas frustrações, sonhos, doenças, esforços, mortes, traições, injustiças, enfim, tudo o que nos faz sentir que haveria algo de errado no roteiro. E aqui reside para nós um truque dessa questão. Macbeth era mau, teve o caráter degenerado pela ambição de ser rei da Escócia e, para tal, matou o bom rei Duncan. Poderíamos afirmar que, se não cometesse o pecado da ganância, ou da ambição, ele chegaria à conclusão, na sua velhice, de que o roteiro fora, sim, escrito por um bom Deus e não um idiota?

Essa expectativa é típica da lógica retributiva, lógica essa presente nos debates teológicos mais sofisticados, mas que pode se compreendida, para além desses, com a simples pergunta: A virtude paga bem na vida? O livro de Jó é a grande representação dessa questão num drama bíblico. Quem obedece a Deus vive melhor? A resposta da realidade é não, em grande parte das vezes, logo não há retribuição do esforço pela virtude.

Veja bem. Não seguirei adiante, não discutirei o que seria "obedecer a Deus", ofereço à sua mente inquieta a seguinte resposta: obedecer a Deus seria fazer Sua vontade, viver segundo Sua lei, ter uma vida à semelhança de Cristo. Enfim, ser gente boa. E fiquemos por aqui porque nossos exercícios filosóficos passarão ao largo do tema religião. Andamos por um mundo sem Deus.

Voltando ao que interessa: Ser honesto garante uma vida feliz? Fosse Macbeth honesto e não ambicioso, teria ele uma vida feliz? Imagino que a essa altura você esteja se perguntando o que é uma vida feliz. Quer um conselho? Esqueça essa pergunta porque ela é uma pergunta de filósofo barato. Talvez, ao final destas notas, possamos ensaiar humildemente alguma resposta possível para essa questão, no mais das vezes, idiota.

Temo que a resposta para essa última indagação – a virtude paga bem na vida – é vergonhosamente negativa, como eu disse de modo breve pouco antes. Ser bom não garante nada. Você pode ser um Macbeth e se dar bem, apesar de ele ter se dado mal. Há um vínculo cego – a tal da contingência, mãe de todas as ansiedades – entre ser virtuoso e se

"O VÍNCULO ENTRE AMBIÇÃO DESMEDIDA E A FELICIDADE VENDIDA NO MUNDO HOJE EM DIA É UM FATO."

dar bem na vida. O mesmo vale para o contrário. Esse vínculo cego é fonte de muito horror na vida, e voltaremos a ele quando tratarmos da relação entre contingência (a cegueira das coisas), a felicidade e a infelicidade. Por ora, abordemos a segunda questão decorrente da frase de Macbeth.

A segunda questão toca diretamente em nosso tempo histórico: deve haver limite para a ambição? É possível pensar em limite para a ambição numa sociedade de mercado? O problema de Macbeth foi que sua ambição não teve limites? O que seria uma ambição com limites? Mas, preste atenção a um detalhe. Esqueça as mentiras do marketing, caso contrário não conseguiremos nos comunicar nestas páginas. Apesar do assim chamado capitalismo consciente, geração Greta, amor aos animais, alimentação sem sofrimento animal e afins, a ambição hoje é ensinada com o leite materno: você deve ter as ideias certas, afetos certos, vencer na vida, ser gostosa pra sempre, inteligente, ganhar dinheiro, enfim, prosperar – essa última palavra resume a ópera.

A ambição sem limites se disfarça por trás dos comerciais fofos da mídia e das falas das celebridades cheias de amor. O vínculo entre a ambição desmedida – quase uma redundância – e a felicidade

"A AMBIÇÃO DESMEDIDA NÃO SERIA UM MOTOR PODEROSO PARA A INFELICIDADE QUE, EM NOSSO TEMPO HISTÓRICO, NÃO OUSA DIZER SEU NOME?"

vendida no mundo hoje em dia é um fato, apesar das mentiras. E a questão que não quer calar é: A ambição desmedida não seria um motor poderoso para a infelicidade que, em nosso tempo histórico, não ousa dizer seu nome? Não seria esse vínculo escondido uma causa profunda para a epidemia de infelicidade que gera tão poderoso mercado para ansiolíticos? Não vejo saída para essa questão. Uma hipótese que alimenta nosso percurso aqui é que, sim, a infelicidade é fundamental para o capital, o que não implica afirmar que no socialismo seríamos mais felizes. Deixemos claro que nas notas a seguir não temos nenhuma piedade para com os "inteligentinhos".

NOTA 4

Vida como agenda de metas e métricas

A vida é um drama, não uma agenda com metas e métricas, como ela se transformou nas últimas décadas. Qual a diferença? Para começar, quando vivemos como se a vida fosse uma agenda de metas e métricas, caímos seguramente numa comédia de personagens ridículos, cheios de som e fúria – o que acontece com frequência.

A vida pautada por metas e métricas é um roteiro, seguramente, escrito por um idiota: você. Você que crê no marketing do coaching em geral. Onde você quer estar no Réveillon de 2025? Quanto você quer faturar daqui a dez anos? Fui um pouco cruel com você, dizendo que você era o roteirista dessa vida programada por meio de uma agenda de metas e métricas; não porque você não o seja, mas porque há um contexto ao qual você responde sem qualquer reação, e esse contexto é o que chamamos em filosofia de razão instrumental. Vou explicar.

Razão instrumental vem da tradição marxista e quer dizer o seguinte: tudo é instrumento, meio, para atingir um fim. Se o filósofo Kant, no século XVIII, dizia que o homem nunca poderia ser meio para nada, mas apenas fim em si mesmo, a razão instrumental, dominante na nossa concepção de vida contemporânea, é o oposto da proposta kantiana. Somos meios para a reprodução do capital, diria um marxista de raiz. De que modo a partir dela chegamos à concepção de vida como uma agenda de metas e métricas, e desta à infelicidade, carregada pelas mãos de uma promessa de felicidade calculada?

Para colocar sua existência numa planilha do Excel, ou ferramenta semelhante, você precisa empobrecê-la. Esse empobrecimento é oferecido em troca da felicidade calculada. O problema é que não somos "seres para a felicidade". Prova disso é a confusão mental causada toda vez que um aproveitador oferece uma fórmula de felicidade à custa do empobrecimento da definição da própria felicidade. Esta, quando calculada, só é compreendida na base das métricas que medem o resultado dos resultados – repetição proposital – e do desempenho. Uma das maiores formas de infelicidade de nossa época é viver sob métricas. Sejam elas alimentares, de peso, de beleza, de *likes* ou de grana.

Não somos uma espécie que evoluiu num ambiente de resultados calculados, nem tampouco num ambiente interno de felicidade. Dito de forma paradoxal: assim como não estamos adaptados a voar, não estamos adaptados a ser feliz. Por que alguém pensaria que, submetendo esta espécie irracional (o *Homo sapiens*) e infeliz às metas e métricas como método de vida, chegaríamos à tal da felicidade?

A resposta é simples. Quanto mais metas e métricas, mais infelicidade. A verdadeira commodity do mercado da felicidade é a infelicidade sendo gerada em alta escala. Quando você monta a sua vida segundo esse roteiro, compra esse projeto que vem, evidentemente, acompanhado de benefícios materiais. O problema é que o oposto desse roteiro é um drama, e não uma fórmula de sucesso. Não vejo nenhuma saída feliz dessa situação. Para responder a essa pergunta, temos que percorrer mais algumas notas filosóficas em que o compromisso não é fazer você feliz, mas menos cooptado e, talvez, menos idiota. O que nada tem a ver com felicidade.

NOTA 5

A contingência como vínculo cego: a mãe de toda a infelicidade

O filósofo húngaro-americano, John Kekes, em *The Human Condition*, afirma que somos condicionados pela contingência. O que isso significa e em que impacta a agenda da felicidade? Antes de tudo, isso quer dizer que somos atores que correm de um lado para o outro do palco enquanto a contingência escreve nosso roteiro. Nossa vida é esse drama contingente.

Antes de tudo, ser condicionado por algo significa que esse algo determina em grande parte quem você é. Segundo o grande Aristóteles, só o primeiro motor (mais tarde, assimilado ao Deus cristão) é incondicionado, isto é, livre de qualquer condição que o determine. Deus seria incondicionado, incausado e imóvel. Nada o move, a não ser ele mesmo, nada o causou e nada o condiciona. Nós somos causados pelos nossos pais (e por Deus, para quem assim o crê), movidos por um número infinito de agentes e condicionados por um número também infinito de agentes (água, ar, comida, gravidade, envelhecimento, pra citar apenas os mais óbvios).

Sendo assim, dizer que somos condicionados pela contingência significa que ela age sobre nós de forma definitiva. Não escapamos da sua ação, mesmo que o consigamos, às vezes, por um curto espaço de tempo. A contingência, ou a fortuna, ou *tyché* (vontade dos deuses na Grécia antiga ou destino cego), ou o acaso, age sobre nós de várias formas. Nossos pais, avós, uma cadeia infinita. Os genes. O espermatozoide e o óvulo que se encontraram para nos tornar existentes na barriga da nossa mãe. Todas as variáveis biológicas, históricas, sociais, econômicas, políticas, geográficas que envolveram o encontro de nossos ancestrais desde a pré-história. O universo que "sustenta" o sistema solar e o planeta. A natureza em si. Uma vez que você retira uma causa inteligente da origem das coisas, a contingência se revela na sua cegueira em múltiplas formas e causas. Além disso tudo, todos os acontecimentos à nossa volta são faces da contingência agindo sobre nós. Nossos desejos, nossa relação com eles, nossas crenças, tudo é permeado pela contingência. Enfim, ela é a grande condição sob a qual viemos existir e permanecemos existindo, até que ela mesma, nas suas variadas formas, cause o fim dessa nossa existência. E como daqui chegamos à infelicidade? E mais: Como a contingência condiciona nossas possibilidades de felicidade?

A contingência é sorte e azar. Mas, pelo caráter em si incontrolável, ela quase sempre nos faz infelizes. Muitas vezes, as múltiplas ações conjuntas dos seres humanos, demais animais e demais agentes da natureza causam efeitos que acabam por ser atravessados pela contingência. Grande parte do sucesso moderno se deve aos avanços do controle de eventos contingentes. Descobrindo causa e efeito onde não se viam antes – como o príncipe virtuoso de Maquiavel –, podemos reduzir os efeitos cegos da contingência, mas ela não para por aí. Nossa própria vida psíquica é rasgada pela contingência e isso faz com que não tenhamos pleno controle sobre nós mesmos, como já suspeitava a filosofia grega quando temia o efeito desorganizador das paixões e a própria psicanálise freudiana. A sociedade é um caldo de contingências em ação e em potência, daí seu caráter incontrolável. Na política, são tantos os agentes e eventos em ação, que a ciência política empírica criou o conceito de cognição política pra dizer que nenhum de nós a tem em quantidade suficiente pra lidar com a contingência enlouquecedora que brota dessa multiplicidade infinita de eventos e agentes em ação.

Portanto, podemos resumir dizendo que a cegueira da contingência é a mãe de todas as infelicidades porque nossa aposta no controle dela está sempre fadada ao fracasso de alguma forma, em algum momento do tempo. E como fica a felicidade nessa equação? Simples: em nosso mundo entendemos a felicidade como a conquista do controle sobre a contingência, coisa que nossos ancestrais tinham muito menos. Ser feliz é controlar os efeitos indesejáveis da contingência. Mas, como na essência e na totalidade ela é incontrolável, acabamos por fracassar, uma vez que o próprio projeto de controle sistemático da contingência – a modernidade – gerou inúmeras contingências históricas, sociais, políticas e biológicas. Não estamos aqui distantes da ambivalência moderna descrita pelo sociólogo Zygmunt Bauman. Enfim, a contingência é o túmulo do projeto de felicidade compreendido como controle da mesma contingência. Talvez uma sabedoria ancestral fosse entender que sempre perdemos para a "cegueira da vontade dos deuses". Perdemos essa sabedoria. Aprofundemos, então, um pouco, ao longo destes exercícios filosóficos, o que é a (in)felicidade como projeto de controle da contingência, mas, antes disso, investiguemos, brevemente, o que era a sabedoria ancestral acerca da "cegueira da vontade dos deuses".

Para muitos, como o filósofo grego Epicuro, a contingência e sua cegueira eram a garantia de que devemos usufruir do milagre de existir ao mesmo tempo que, em meio ao infinito de possibilidades, nossa existência seria a própria encarnação do improvável. Mas, num cenário de vida calculada, é muito difícil tal sutileza de alma.

NOTA 6

A sabedoria ancestral acerca da cegueira da vontade dos deuses

Em que se constitui essa sabedoria e o que ela pode ter a ver com qualquer noção de felicidade?

Sabedoria sempre pressupõe a ideia do bem como meta da vida. Posso entender esse bem como "O Bem", sumo maior, do tipo Deus, ou o Bem em Platão, unificador de tudo – oposto, portanto, à ideia de cegueira da contingência ou da vontade cega dos deuses na Grécia antiga, ou em qualquer politeísmo. O caráter cego da vontade desses deuses está, justamente, ligado de maneira direta ao caráter cego, assim percebido por nós, devido à ausência de um princípio moral que possamos associar a um projeto maior do Bem unificado. Um desses deuses ou deusas pode ser bastante disruptivo de nossas expectativas de uma unidade moral do cosmos ou da vida. Tomados por paixões, "brincam" com os humanos impiedosamente.

Na verdade, falar da vontade cega dos deuses, nesse cenário, significa reconhecer nossa condição de desamparo, como fala Freud em *O futuro de uma ilusão*, como o fator religioso da condição humana. Essa vontade cega desaba sobre nós como as contingências da vida.

A sabedoria, nesse sentido, não é a sabedoria decorrente da crença num Bem que unifica e organiza o cosmos e os seres submetidos a ele, mas, sim, o reconhecimento do nosso desamparo como fator irredutível. Compara-se ao reconhecimento da contingência como nossa condição essencial, como fala Kekes, citado antes. Esse reconhecimento implica um grau de aceitação e humildade dos nossos limites de ação ante a forças que nos ultrapassam. Para além da parafernália religiosa decorrente das tentativas de cooptar essa vontade cega a nosso favor, o que essa consciência da contingência nos ensina é a mesma mensagem do oráculo de Delfos na Grécia: conhece-te a ti mesmo e saibas que tu és mortal.

O vínculo com a felicidade nesse universo de referências nos leva a virtudes como reverência e humildade, essenciais para uma vida equilibrada que não se perde na arrogância assertiva do coaching contemporâneo. A felicidade aqui é fruto de um certo conjunto de virtudes práticas cultivadas ao longo da vida, e não de uma agenda de metas e métricas calculadas, que já citamos. Veremos que são, exatamente, virtudes como essas, tão essenciais à vida equilibrada, que desaparecem num espírito do tempo como o moderno, construído sobre a meta do controle total da contingência. A ideia do sucesso como paradigma moral recusa qualquer virtude ligada à consciência da contingência como parte das condições de possibilidade de pensar qualquer ideia de felicidade que não seja a mentira do marketing. A contingência acuada se multiplica em efeitos colaterais do próprio projeto de eliminação da mesma contingência. Antes de seguir adiante, vejamos como funciona esse projeto de controle sistêmico da contingência, que beira a desmedida da tentativa de erradicação do desamparo estrutural do ser humano.

NOTA 7

A infelicidade como resultante do projeto totalitário moderno de controle da contingência

Na virada do século XVI para o XVII, o filósofo inglês Francis Bacon afirmou que devemos atar a natureza e conseguir dela as respostas necessárias para uma vida melhor. A ideia pegou. A justificativa do controle em nome do bem-estar se transformou no fundamento do projeto moderno de acuar a contingência na sua forma material e psicológica.

Bacon é apenas uma referência erudita. O processo era inevitável, uma vez que a burguesia e seu método se tornaram triunfantes – se quisermos descrever a história a partir de uma perspectiva marxista. As palavras de ordem desde então serão produzir, avançar, progredir, otimizar, realizar, ter sucesso, agendar, medir. Fosse a vida um artigo científico, essas seriam suas palavras-chave. Seu resumo (quem é da área científica chamaria isso de *abstract*) seria: o objetivo de estar vivo é conduzir os processos vitais, sociais, políticos, psicológicos e espirituais de forma tal que a resultante seja um crescimento constante e acelerado em direção ao aperfeiçoamento contínuo e acumulado. O projeto de felicidade aqui é o tédio do sucesso. O filósofo alemão Peter Sloterdijk me disse certa vez que essa aceleração moderna se movia em direção ao nada de sentido a não ser a própria aceleração. E como percebemos esse projeto em nosso dia a dia? Qual concepção de felicidade brota desse projeto? A vida como parque temático, claro.

O projeto moderno de felicidade se sustenta na promessa do controle da contingência em todos os níveis. Da idealização de uma *Nova Atlântida* (livro de Bacon) até hoje, essa utopia se fez e se faz real do ponto de vista dos avanços materiais desse controle. Medicina, comunicação, transporte, gestão, crescimento da economia, enfim, toda uma gama de avanços indiscutíveis. Mas minha pergunta aqui é: Esse sucesso no campo do controle das variáveis contingenciais que nos condiciona, como vimos antes, seguindo os passos do filósofo John Kekes, implica felicidade?

Claro que você pode me perguntar o que entendo por felicidade, mas vou resistir de novo a essa questão – mais à frente darei uma primeira definição de felicidade que julgo razoavelmente consistente, e nunca chegaremos a algo além do que o "mero razoavelmente". Neste momento digo apenas que a ansiedade produzida pelo sistemático modelo de vida baseado nesse controle, apesar dos sucessos materiais, gera uma ansiedade de base social gigantesca. E ansiedade é corrosiva no plano dos afetos.

A redução da vida dos afetos – a felicidade pode ser muitas coisas, mas ela sempre está vinculada à vida dos afetos – à meta do controle sistemático fracassa na medida em que nosso relevo interior, que é dinâmico e instável, é, em muito, objeto da mesma condição contingente referida antes. A consequência é que nos últimos anos esse sistema começou a se organizar numa forma de "terapia", conhecida como coach, ou similares, que propõe "métodos" de controle desse relevo interior com o objetivo de produzir sucesso baseado em métricas de resultados: em dez anos ganharei tanto, em cinco anos estarei em tal posição etc. Como é justamente o fracasso que nos humaniza, a insistência no controle sistemático do fracasso gera uma desumanização em escala social e psicológica. O nome disso é infelicidade, pois seu oposto, a felicidade, pode ser muitas coisas, mas sempre passa pela experiência afetiva da humanização, e esta não se dá a partir da lógica do workshop para treinamento de qualquer inteligência emocional concebida estrategicamente. A felicidade é mais da ordem do cultivo a longo prazo do que o puro e simples controle da vida interior. Essa mesma vida interior é um dos primeiros empecilhos ao modelo de redução da vida ao sucesso de resultados.

NOTA 8

O cultivo do jardim: uma definição de felicidade

Eis uma primeira tentativa de pensar a felicidade positivamente. Muita gente conhece a história sobre uma milionária brasileira apaixonada por jardins que começou há pouco tempo a cultivar um jardim em casa, e, para isso, contratou a melhor empresa de paisagismo de São Paulo. Numa viagem pelo interior da Inglaterra acompanhada de amigas com interesses afins, ela viu uma casa com um belíssimo jardim. Emocionada, bateu à porta, e uma senhora simpática atendeu. Nossa milionária falava inglês bem, pra nossa sorte.

Nossa milionária paulistana perguntou à simpática senhora havia quanto tempo ela cultivava aquele jardim; setecentos anos, respondeu. Sem dúvida, a resposta deixou nossa milionária impactada. Quem não ficaria? Ninguém vive setecentos anos! Nenhuma empresa de paisagismo já existiu por setecentos anos. Quem pode, pelo amor de Deus, cultivar um jardim por setecentos anos? Ninguém. Mas nem por isso o jardim deixa de poder existir sendo cultivado por setecentos anos. Eis a questão.

Voltaire, no século XVIII, ao final de *Candide*, chegara à conclusão que a única forma de seu ingênuo personagem Cândido sobreviver num mundo mau era cultivando o seu jardim. A obra de Voltaire é uma crítica irônica e sarcástica à teoria do filósofo Leibniz (séculos XVII e XVIII), segundo a qual este era o melhor dos mundos possível, levando em conta que só Deus é perfeito e que este mundo é o que dá pra fazer sem ter que ser constantemente objeto de intervenção divina. Para Voltaire, só podia ser uma piada de mau gosto uma ideia como essa. Mais próximos dos pessimistas, este mundo não podia ser tomado como boa coisa. Enfim, diante dessa condição, o melhor seria cuidar do próprio jardim. Eis a metáfora do jardim, de novo, em nossas mãos.

Edmund Burke, filósofo britânico do século XVIII, tinha uma concepção de sociedade que nos ajuda aqui a entender os setecentos anos de cultivo do jardim. Para ele, a sociedade é uma comunidade de almas que reúne os mortos, os vivos e os que ainda não nasceram. Essa ideia é muito distante da concepção de um jardim concebido em quatro meses por uma empresa gourmet de paisagismo, submetido a todas as modas efêmeras, que queira ser igual a um jardim que tem sido cultivado por setecentos anos, pelas mãos de diversas pessoas que o cultivaram, não como forma de combater o tédio, de aderir a modas de comportamento, nem, muito menos, de querer ter um resultado na própria geração. As mãos dos mortos são essenciais quando se pensa numa vida com alguma beleza e harmonia. Ao contrário do que pensa nossa vã filosofia do mundo contemporâneo, nem só desconstruir tem a ver com a liberdade. A construção que sabemos passar pelos mortos e pelos que ainda não nasceram nos ajuda a nos libertar do feitiço geracional de querer compactar setecentos anos de cultivo num contrato de paisagismo.

A metáfora do jardim é essencial, não só porque ele encanta quando ultrapassa o umbigo geracional tão em moda em nossos dias, mas também pela experiência de lidar com seres vivos, as flores e as plantas, que nos lembram nosso pertencimento a uma ordem maior, coisa que você não aprende num workshop de fim de semana sobre treinamento para prosperidade existencial.

"PROCURAR O TEMPO TODO NO COTIDIANO ALGO QUE FAÇA VOCÊ RELEVANTE É UM MAL INFINITO."

NOTA 9

O tédio do sucesso

Recentemente uma mãe me contou que o filho de oito anos inovou no seu projeto "profissional". Se antes as crianças de oito anos queriam ser youtubers, agora elas querem simplesmente ser famosas. O sucesso como meta é uma escravidão. Mas quem foi o idiota que disse que a escravidão sempre é algo ruim? Pelo contrário, a liberdade pode ser bem cansativa.

Hegel dizia que existem males infinitos. O sucesso como meta existencial é um exemplo perfeito do que vem a ser um mal infinito. Procurar o tempo todo no cotidiano algo que faça você relevante é um mal infinito. Mas esta não é, em si, a dinâmica das redes sociais? Postar alguma suposta ideia, revelando que você acordou com alguma coisa na cabeça que os outros precisam saber?

Nalguns casos o sucesso é o resultado de um percurso consistente. A marca desse caso é um constante mal-estar com essa condição. E o sucesso ainda pode se tornar um tédio, principalmente se, em algum momento, você esquecer que ele não pode ser a atividade fim na vida de ninguém. Querer ser celebridade é indício de que você não tem mesmo vocação pra nada. Mas, nesse caso, a psicologia pode ter um traço de culpa. Quem disse que todos temos vocação pra alguma coisa? Esta é uma das primeiras mentiras inventadas pela psicologia de bolso, tão comum hoje em dia. O fato de sermos obrigados a sobreviver com o suor do rosto não implica ter vocação pra coisa nenhuma em especial, significa apenas que somos desamparados no mundo.

Um exemplo claro do tédio do sucesso é a condição em que vivem os artistas famosos, tendo que abraçar causas as mais variadas, quando, na verdade, morrem de pânico da irrelevância inevitável que desabará sobre eles com o passar dos anos. À medida que mais jovens entram no mercado do sucesso, os mais velhos se desmancham tal como a própria pele.

"A PROMESSA DO SUCESSO COMO FORMA DE FELICIDADE É PARA OS FRACOS."

Portanto, a promessa do sucesso como forma de felicidade é para os fracos. E para os personagens do teatro de Beckett, perdidos em dramas que nunca terminam, apesar de repetir continuamente a mesma falta de significado. O tédio é, em si, uma vivência do vazio de significado que se espalha pelas horas infinitamente. A verdadeira estética do nada encarnada em sua vida.

NOTA 10

Progresso como infelicidade

O progresso implica a passagem e superação do tempo. Essa ideia parece abstrata, mas nada tem de abstrata, ela é concreta como a ruga do seu rosto ou como a possibilidade de você perder o emprego pra alguém mais jovem e mais bonito.

    O progresso, DNA da modernidade, como se diria no jargão corporativo quando se quer soar inteligente, é uma dinâmica essencialmente dialética. Isso quer dizer que tem um lado mais e um lado menos. O lado mais, todo mundo sabe de cabeça: avanço técnico, vacinas – tá na moda em 2021 –, aviões, computadores, celulares, enfim, toda a parafernália cotidiana que faz as pessoas suspirarem de tesão e viverem vidas mais longas. O lado menos é aquele em que as pessoas prestam menos atenção, apesar de que todo mundo sofre seus efeitos. E não estou falando de coisas óbvias como trânsito, poluição e similares. Pensemos em elementos mais sensíveis ou invisíveis. Platão tinha razão: a inteligência é, muitas vezes, medida pela capacidade de enxergar o invisível.

A vida é uma progressão em direção à morte. Todos sabemos disso, mas nas últimas décadas fingimos que não. O progresso aguça a percepção do envelhecimento como obsolescência do indivíduo. A contradição está no fato de que o progresso técnico, ao mesmo tempo que produz longevidade, aprofunda o tempo de percepção da irrelevância de cada indivíduo. E em tempos de fúria pela relevância, como vimos antes, saber-se existir por mais tempo com menos valor é uma agonia.

Pode parecer muito estranho pra você a ideia de que o progresso gere infelicidade, mas essa suspeita tem, no mínimo, uns duzentos anos. Sim, tem. Perdoe-me se aponto uma falha no seu repertório, mas a experiência do conhecimento é, basicamente, uma vivência das nossas falhas de repertório, por isso todo mundo sabe que sem humildade não há conhecimento.

O movimento romântico, nascido na segunda metade do século XVIII naquilo que mais tarde será chamado Alemanha, foi o primeiro grande mal-estar com a modernização, da qual falamos anteriormente. Esse mal-estar se caracterizava pela sensação de que tudo podia ser comprado e transformado em coisa, começando por você e eu.

A sensação da pressa que te asfixia é um sinal do tempo sociológico, aquele que nasce da interação entre os atores sociais. O que são atores sociais? Você, eu, a família, as empresas, os estados, a mídia, as mídias sociais, tudo, enfim, que interage no campo da sociedade produzindo a dinâmica dessa mesma sociedade. Na modernidade, o tempo sociológico se apressou para dar mais resultados. E você está no meio dessa pressa, e sabe que uma hora, inevitavelmente, se cansará de correr de um lado para o outro. A questão será o que você fará desse cansaço. Se continuará crendo que um coach vai te treinar a pensar – como treina um macaco – que não existe cansaço ou se, em algum momento, você vai parar de ser cego e perceber que não existe ponto fora da curva e parar de mentir como quase todo mundo faz.

NOTA 11

Felicidade como afeto e significado

O psicólogo Paul Dolan, no livro *Felicidade construída*, oferece duas grandes chaves para discutir a "economia da felicidade". A primeira é a felicidade vinculada aos afetos, num sentido largo do termo, prazer e desprazer, sensações e sentimentos, o que em filosofia se aproxima da ideia de uma vida estética. A segunda é o encontro com o significado, que, apesar de ser um encontro, trata-se de um encontro construído ao longo da vida.

Nesse caso, o cuidado com essa construção é fundamental. Um fator que pode com facilidade ferir essa construção é que não temos absoluta consciência do impacto que nossas ações têm sobre nós mesmos ao longo do tempo. O fruto disso é a contingência das consequências: posso causar efeitos de que não tenho a mínima ideia. Como decidir com segurança algo sobre mim mesmo quando tiver cinquenta anos, agora que tenho vinte e cinco? Como avaliar toda a cadeia de causas e consequências que me constituirão e ao mundo à minha volta nesse longo processo de encadeamento dessas mesmas consequências?

Por outro lado, é justamente esse fator que nos leva ao método do controle que visa à diminuição do azar agindo sobre nosso drama. Se eu calcular o mais precisamente possível esse encadeamento de causas e consequências ao longo do tempo, talvez possa acuar a ação da contingência na minha vida. Esse processo de controle se materializa nas metas e nas métricas de que falávamos um pouco antes. E o ciclo se fecha de novo. Comerciais que falam de segurança financeira no futuro transitam exatamente por esse universo de metas e métricas aplicadas à longevidade. Quanto mais vivemos, mais precisamos de parâmetros de controle sobre essa cadeia de causas e consequências.

A vida estética é um clássico na filosofia. Neste âmbito, a felicidade está intimamente associada ao usufruto do corpo saudável, por isso a vida estética tende a diminuir de intensidade à medida que os anos passam e adentramos a velhice. Consumir, programar viagens, transar muito, comer muito, enfim, usufruir de um tempo contido no corpo saudável é a vida estética em si. Quando essa intensidade diminui, o problema da infelicidade estética se apresenta: perda de prazer, paladar, tensão da vontade, impotência sexual. Neste instante a infelicidade nos leva à indagação de base sobre termos ou não construído algum espaço para a experiência do significado.

Significado aqui é algo material e concreto, por isso podemos falar de algo construído, e não de uma ideia abstrata sobre o sentido das coisas. Na verdade, a experiência de significado quase sempre implica um nível de materialidade para existir. A criação de filhos, o cuidado com a casa em que se vive, a atenção atribuída aos elementos materiais do mundo, um trabalho que faz o cotidiano razoavelmente prazeroso, a percepção de continuidade nas decisões e ações que impactam a nossa vida e a daqueles que nos importam de modo positivo. O enfretamento da dor e do sofrimento com dignidade. Tudo isso é felicidade construída.

E aqui voltamos à metáfora da felicidade relacionada ao jardim. Numa pesquisa apresentada pelo autor citado um pouco antes, duas profissões seriam as mais felizes: o jardineiro e o carpinteiro. O diferencial delas para com as demais, sendo o jardineiro o que ocupa o topo da pesquisa, é o caráter de totalidade que elas carregam em si. Um jardim e um móvel de madeira contêm o sentido do trabalho em si mesmos, sensivelmente e conceitualmente. No caso do jardim, como dizíamos antes, a vida pulsa em nossas mãos, assim como a beleza que ele porta na sua condição de vida que se realiza continuamente. E essa beleza é visível ao longo dos dias e dos setecentos anos que o cultivaram, de gerações e gerações de cuidado e atenção. Um trabalho que não se perde em abstrações.

Quanto mais longa a cadeia de agentes para se realizar um trabalho, mais chance de a contingência arrasar o processo. Essa percepção não está muito distante da suspeita de que uma vida vivida com medida, como diziam os estoicos, tem sempre uma chance maior de não ser objeto de esmagamento pelas frustrações e enganos do mundo.

NOTA 12

Não há método para humanização

O que você sente quando recebe uma carta do banco se dirigindo a você como "Olá, Patrícia!" ou "Oi, Pedro!"? Você se sente mais cuidado pela empresa por conta disso? Se sente mais humano? Sei a resposta. Provavelmente, não. E você está coberto de razão. O mundo corporativo é a distopia perfeita. As tentativas de mimetizar as discussões psicológicas e sociais nesse "ecossistema" sempre revelam a dimensão ridícula das sistematizações falhas do que não é passível de sistematização, assim como a busca de desenvolver *soft skills* em workshops da firma no fim de semana também fracassa. Aliás, esses eventos de fim de semana em hotéis têm seu ponto alto quando as colegas bebem e as noites mergulham no sexo e no desejo. O que não deixa de ser uma espécie de *soft skill*.

    A ideia de humanização, nascida da identificação do caráter desumanizador da modernidade na sua chave de progresso como mal infinito discutido antes, não é passível de uma métrica de práticas calculadas. Ninguém acredita que não seja obrigado a ser eficaz e produtivo, mesmo que adoeça. E quando essas métricas de práticas calculadas são realizadas, normalmente, caem no ridículo ou no fracasso. A experiência do fracasso pode humanizar quem tentou pôr em prática a métrica equivocada, mas dificilmente humanizará o objeto da tentativa. O fracasso sempre carrega um elemento humanizador, mas isso escapa ao entendimento de todo "colaborador da área de gestão de pessoas", como se diz hoje no mundo corporativo. Aliás, tomemos "colaborador" e "gestão de pessoas" como um bom exemplo do ridículo dos sistemas de humanização. O "colaborador" continua sendo um empregado passível de demissão a qualquer hora, e o RH continua sendo um departamento que vê os humanos como recursos ou não.

    Usar expressões como essas na comunicação interna e externa visa passar a ideia de que a empresa

"A MENTIRA DO MARKETING É UM MÉTODO DE GERAR INFELICIDADE CALADA E ASSUSTADA."

não trata as pessoas como "recursos", assim como trataríamos recursos minerais, vegetais e animais. Mas a tentativa fracassa por conta da estrutura profunda da lógica produtiva do mundo contemporâneo. Todo adulto sabe que está por um triz na lógica produtiva. Que mesmo sendo tratado como "pessoa" é um "recurso", e nada mais. A mentira do marketing é um método de gerar infelicidade calada e assustada.

Não há qualquer método geométrico de gerar humanização. A característica da humanização é ser da ordem do espírito de finesse, como dizia o filósofo Pascal no século XVII, e não do espírito geométrico, calculador e projetivo – típico do mundo corporativo de resultados. O espírito de finesse opera no detalhe, na impossibilidade de se identificar com precisão a suposta cadeia causal que tem por efeito fazer a pessoa se sentir gente.

Claro que em ambientes de grande vulnerabilidade fica mais fácil de entender esse processo: doença, fome, medo são "fáceis" de se humanizar pela ética do cuidado. Mas a lógica íntima do progresso não tem em sua geometria prestar atenção em qualquer "ciência da humanização", tudo o que ela pode produzir é um endomarketing mentiroso que visa atenuar as capacidades cognitivas das pessoas para que elas pensem, no tempo que der, que, de fato, são insubstituíveis na sua condição de indivíduos. O que ninguém é, afinal. Toda vez que mentimos sobre a insuficiência estrutural do ser humano, nós o desumanizamos.

NOTA 13

Misericórdia

Misericórdia é aquele tipo de palavra que merece reverência, não só por sua raridade no mundo, mas pela desesperada necessidade dela em nossas vidas, principalmente se está em jogo a infelicidade.

Misericórdia implica um encontro entre corações em agonia. A ideia de que Deus é misericordioso nasce do fato que, sendo Ele Todo-Poderoso, e ainda assim se apiedar de nossa condição, só pode ser explicado por sua decisão livre de se colocar junto aos nossos corações amedrontados diante da fragilidade da vida. Deus atravessa o abismo que nos separa, da sua plenitude à nossa falta de plenitude, e nos acalma. Beleza tardia, tarde te conheci, tarde

"A MISERICÓRDIA É ESSENCIAL COMO ANTÍDOTO A UMA VIDA EXCESSIVAMENTE PAUTADA PELA DEMANDA DO SUCESSO EXISTENCIAL."

te amei, como dizia Agostinho entre os séculos IV e V. Essa beleza é o afeto da misericórdia divina agindo em nossa alma em constante agonia diante do abismo que nos espera.

Para além da questão teológica há pouco colocada, a misericórdia é essencial como antídoto a uma vida excessivamente pautada pela demanda do sucesso existencial. A misericórdia salva a vida, vendo nela o desespero e apontando a possibilidade de que nem só do mal vive o homem.

Uma passagem famosa no romance *Os miseráveis* de Victor Hugo, no século XIX, descreve de forma muito precisa o modo como a misericórdia resgata uma pessoa da desgraça. O personagem Jean Valjean, um ladrão fugido da cadeia, rouba os castiçais da casa de um padre que o havia ajudado, batendo em sua cabeça. Quando preso pouco tempo depois pela polícia, que desconfia que os castiçais foram roubados, ele é levado à casa do padre para que averiguem sua história – Jean Valjean havia dito que o padre tinha dado os castiçais pra ele. Quando o padre ouve a história contada pelos policiais, ele diz que sim, havia dado de presente os castiçais para o homem (que, na verdade, o agredira e o roubara), e, além disso, diz que Valjean havia esquecido seu dinheiro lá. O padre, além de atestar a história contada por Jean Valjean, ainda lhe dá um dinheiro dizendo que pertencia a ele, Valjean. Com essa atitude, o padre arranca a alma de Jean Valjean do mal e a devolve para o bem. O ladrão se transforma num homem honesto, bom e misericordioso, vindo a construir um negócio e a ajudar muito seus empregados, coisa rara na época atravessada pelo capitalismo selvagem.

O encontro com a misericórdia no mundo resgata nossa possibilidade de confiar no mundo. A confiança no mundo é essencial se quisermos enfrentar a infelicidade que nos assola sem misericórdia.

NOTA 14

A moda infeliz

A moda é sempre infeliz. Infelizes são os que se dedicam a ela como profissão. Um mundo oco e cheio de vaidades em que ninguém confia em ninguém e em que a misericórdia não existe. Uma forma de dedicação à beleza que não salvará o mundo.

Claro que hoje temperamos essa realidade com causas sociais e defesa dos animais para passar a mensagem de que até modelos e profissionais da alta-costura têm alma. *Fake news* elegante. Mas a infelicidade da moda não se limita a esse ramo de negócios. Nele saltam aos olhos todos os escândalos e agonia pelos quais passam aqueles que se dedicam à efemeridade da beleza física como commodity.

A infelicidade da moda está na estrutura do seu ser. É o efêmero que nega sua condição de efêmero pelo glamour que lhe empresta o mundo. Tudo que está na moda passa, e com mais desespero por conta da perda do trono breve. Filha da velocidade e da perda de raiz do mundo antigo e medieval, a moda é a beleza condenada a envelhecer em público.

Mas a moda hoje é também um estilo de vida, diria, perversamente, uma ética. As modas de comportamento assolam o mundo, principalmente dos mais jovens que acabam por acreditar que conseguirão inventar um homem e uma mulher saídos dos contos de fada contemporâneos.

O vínculo entre moda e infelicidade habita na natureza mesma da efemeridade da moda: hoje vale tudo, logo amanhã se fará ridícula. Se você, nalgum momento, estiver na moda, prepare-se para desaparecer diante da próxima moda. É como viver constantemente em aceleração em direção ao nada.

NOTA 15

A *fuga mundi* como método

Desistir do mundo é uma escolha consistente ou coisa de covardes? A resposta pode ser mais difícil do que parece. Muita gente abomina esse método de colocar o mundo a distância entendendo que ele é um passo egoísta e que traz empobrecimento pra vida e para a relação com os outros.

Não creio que as pessoas que fazem uma opção como essa concordem com tal conclusão. Já o filósofo Henry Thoreau, no século XIX, entendia essa fuga – que praticou por cerca de dois anos numa cabana no bosque conhecido como Walden, que deu o nome ao livro-relato dessa experiência – como um modo de vida extremamente rico porque o colocou numa experiência de temporalidade colada à natureza. Esse experimento deu a ele a chance de um relacionamento com a natureza distanciado das demandas do mundo moderno que se anunciavam claramente já em meados do século XIX nos Estados Unidos. Caminhar, ver os movimentos do Sol e dos animais, mergulhar no silêncio do Ser, apartado do enlouquecimento das estratégias de vida da cultura da produção e da eficácia, é uma das vivências que Thoreau nos descreve de modo sublime.

Diversas formas de espiritualidades distintas reafirmam ao longo dos milênios que fugir do mundo é um modo de sobrevivência existencial. Estar perto da dança ancestral da natureza pode nos aproximar da cura da ansiedade que visa fazer de nós seres alienados e em busca pela vida do progresso material e técnico, sempre em movimento acelerado. Evidente que um passo como esse também pode nos colocar mais próximo das vulnerabilidades que caracterizam nossa condição estrutural de insuficiência referida na abertura do nosso percurso. Menos técnica, menos remédio, mais risco de morrer mais cedo.

Escolas antigas como o epicurismo já apontavam a *fuga mundi* como um método de sabedoria de vida que visava nos poupar dos engodos a que o mundo nos condena. Monges de todos os tipos, ao longo da história, e até hoje, aderem a esse método como forma de proximidade com a divindade e a tranquilidade da alma. A felicidade como distância das frustrações do mundo é uma constante na condição humana pela busca de minimizar a infelicidade estrutural da nossa condição.

Ainda hoje, esse método de fugir dos embaraços do mundo permanece uma sedução para alguns. O fato é que nunca foi fácil realizar essa fuga, menos ainda num mundo como o nosso que se apresenta como um carnaval contínuo de felicidades como adesão irrestrita às promessas de sucesso permanente. Um mal infinito à venda pelo marketing. O século XXI já é o século da mentira do marketing. Qual é essa mentira sistemática? Enfim, fugir do mundo pode ser uma forma de simples cansaço em que a alma desiste de conquistar a si mesma.

NOTA 16

Mentira como projeto de vida social

A mentira pode ser um ato de misericórdia. Não é desse ato que falamos aqui. Nosso objeto nesta breve nota é a ciência da mentira sistemática em que se transformou o marketing. E com o advento das redes sociais, o marketing digital se capilarizou como uma praga. Quanto mais se mente, mais infeliz a vida se torna. Haveria, talvez, algum vínculo entre verdade e felicidade? Isso fica pra depois. Voltemos à mentira do marketing.

Não vou entrar aqui na definição de marketing. Já tratei disso noutra obra. Darei por suficiente o senso comum acerca do tema. Todo mundo sabe: marketing é identificar tendências pra gerar demandas, desejos. Mas o marketing foi além disso: hoje é o narrador da vida. E como narrador da vida, ele mente mais do que outros candidatos à função, por uma razão simples. A intenção do marketing são as vendas, e todo vendedor é um mentiroso simpático (quando bom na profissão) e conta com os favores da vítima. Comprar é uma delícia e deixa a vida mais colorida.

Entretanto, a via é de duas mãos. Se por um lado existe um prazer em comprar, existe outro em se vender. A mentira sistemática do marketing se manifesta plenamente quando chegamos aqui. O ciclo entre produto, venda e o sujeito se fecha numa forma de vida nova e excitante. As ferramentas das redes sociais são um elemento essencial. Até a saída do banho pode ser um evento que vende a minha pessoa, meu estilo de vida, meus sonhos, meu padrão material de vida, e, assim, tocamos no nível sublime do significado possível de uma vida dada na barbárie da coisa coisificada. Difícil de entender? Simples redundância com efeito retórico. Vejamos, pego você pelas mãos e te levo a este parque temático da mentira feliz.

Pense num comercial de banco. A maravilhosa mulher emancipada correndo contra o sol que nasce. O homem sensível, quase feminino, cuidando do

"TODOS QUEREM SER RECONHECIDOS EM SUAS PEQUENAS IDENTIDADES IRRELEVANTES."

bebê enquanto toma suco verde. Tudo na mais plena harmonia. O marketing reciclou a velha família Doriana sob as barbas da suposta crítica ideológica que, aliás, comprou essa família Doriana, contanto que o homem seja trans e tenha engravidado. E a escola é a repetidora desse projeto Doriana: futuros jovens que sabem tudo para terem sucesso, mas não conseguem carregar uma pedra sequer quando lhes é demandado, quanto mais sustentar uma família de pé.

A promessa da vida plena. Eis a mentira sistemática do marketing. Uma das mais finas especializações do comportamento marqueteiro hoje é vender você para si mesmo, essa é a nova forma de psicoterapia conhecida como coaching. Nas escolas, nas igrejas, nos consultórios médicos, nas empresas. E quando você vê centenas de pessoas felizes, você sabe, no fundo da alma, que está contemplando uma mentira.

O século XXI será do marketing. Mesmo quando ele escorrega pra molecagem das redes sociais, ainda assim se busca uma visibilidade e relevância. E esta é a chave dessa ciência social aplicada na sua dimensão de maturidade como narradora da vida: todos querem ser reconhecidos em suas pequenas identidades irrelevantes. E o marketing é a sua oração.

NOTA 17

O que você quer ser quando envelhecer?

Essa pergunta, típica de comercial de TV, carrega em si muito mais do que mera propaganda. O foco é o paralelo com a antiga pergunta feita às crianças: o que você quer ser quando crescer? Qualquer adulto não mentiroso – coisa rara hoje em dia – sabe que a pergunta é, em si, infantil, porque as respostas costumam ser, para meninos, "bombeiros", "policiais", "astronautas". Para as meninas, "princesas". Hoje a coisa é mais confusa: nem se sabe se podemos falar em meninos e meninas ou menines. O ridículo escala o Everest.

Hoje as crianças já respondem "youtuber", ou, simplesmente, "famoso". O imperativo da celebridade sem conteúdo desorganiza o futuro das crianças e dos adolescentes. Mas essa questão pode ser vista como o pontapé inicial para um projeto de vida: meu futuro está aberto a como eu projetá-lo, na fase adulta. Aqui entra a variante (termo da moda durante a velha peste do coronavírus): o que você quer ser quando envelhecer?

A ideia é que agora podemos programar a velhice, com perdão dessa palavra infeliz, porque teremos saúde para tal. Essa saúde que pressupõe a opção de envelhecer bem como projeto de vida depende de outro tipo de saúde, que torna a anterior possível: a saúde financeira. Para quem tem olhos para ver, perceberá que os bancos, ainda que estejam cada vez mais cruéis na sua natureza desumanizadora, são a liderança cultural no mundo contemporâneo. Quem duvidar perecerá mais rapidamente.

Claro que ter mais tempo de permanência no Ser é quase sempre uma boa ideia, ainda que o que isso significa em termos de significado (redundância proposital) não seja muito claro. As pessoas tendem a arrastar o que são, com tendências negativas na maior parte dos casos, na velhice. Velhice é uma forma de empobrecimento fisiológico. E a pobreza é sempre uma forma de condenação.

"O NÃO É UMA PALAVRA ESSENCIAL EM QUALQUER TIPO DE FELICIDADE POSSÍVEL."

Mas podemos sim imaginar que algumas pessoas têm agora a chance de envelhecer melhor, consumindo produtos para aqueles que cumpriram seus papéis sociais enquanto jovens – trabalharam, reproduziram, cuidaram da cria, pagaram impostos, enfim, carregaram consigo a responsabilidade de manter a espécie de pé para além do Facebook. Viajar, talvez mesmo transar com desconhecidos, comer (isso menos porque, de todos os pecados, a gula é o mais condenável e sem perdão no mundo contemporâneo), beber, tudo isso ao alcance de quem investiu bem. Todavia, suspeito que o segredo de envelhecer um pouco melhor é a capacidade – que os mais jovens, com certeza, não têm, inclusive porque ainda não garantiram que poderão ser o que quiserem quando envelhecer – de dizer não ao mesmo mundo que parece lhe sorrir prometendo mundos e fundos pelo aplicativo do banco. O não é uma palavra essencial em qualquer tipo de felicidade possível, principalmente num mundo em que o envelhecimento como retardo mental é um projeto.

Outra questão essencial quanto a esse tema do envelhecimento, e decorrente do projeto citado um pouco antes, é a experiência acumulada de sofrimento que implica a idade avançada, o que, num

"EM QUE MEDIDA INTERDITAR A INFELICIDADE SERIA INTERDITAR O AMADURECIMENTO?"

cenário clássico, daria em amadurecimento. A dúvida que tenho é se é possível um envelhecimento razoável quando somos obrigados a adotar o projeto do retardo mental como ética. A vida real não é um parque temático, portanto, nem todas as marcas que a vida deixa em nós cabe num comercial Doriana para a terceira idade. Em que medida interditar a infelicidade seria interditar o amadurecimento?

NOTA 18

O fracasso humaniza, não o sucesso

Um grande equívoco nosso é supor uma relação evidente entre felicidade e sucesso. O risco ainda é maior porque essa relação é dada como receita óbvia, principalmente, para os mais jovens. Søren Kierkegaard, filósofo dinamarquês do século XIX, já dizia que a vida adulta só começa quando fracassamos. Vejamos.

Pouco tempo atrás, um jornalista se referiu a mim como alguém "que gosta do fracasso". A frase é interessante porque, além do óbvio mau entendimento da minha conhecida afirmação, título desta nota, sua fala trai o equívoco geral presente em verbos do tipo "gostar" quando aplicado a temas conceituais e não de consumo. Achar que o verbo "gostar" se aplica a conceitos é pensar neles na perspectiva do "consumo de ideias".

Primeiro vejamos o que o título desta nota quer dizer. É ancestral a suspeita sobre os enganos do sucesso, não se trata de uma descoberta deste que vos escreve. Se assim eu acreditasse, estaria reinventando a roda. Todos conhecem a anedota romana de que, quando um grande general vitorioso entrava em Roma e era aclamado pelo povo, alguém ao lado dele lhe dizia baixinho ao ouvido: "Lembra que és pó". Essa anedota carrega em si grande parte do significado do engano daqueles que associam o sucesso à felicidade, saber este tão raro hoje em dia. O sucesso é efêmero, assim como a glória que o povo nos dá. Hoje você tem, amanhã, não. A volatilidade desse fenômeno numa sociedade em rede é ainda mais evidente. Uma das características do sucesso como engano é o fato de que ele, o sucesso, tem memória curta, assim como a gratidão. Você tem que alimentá-lo todo dia para que permaneça vivo. Aí já reside uma das falácias que relacionam a felicidade ao sucesso.

Outro fator complicador é a dependência fundamental que o sucesso carrega em si com relação ao julgamento alheio. Sabe-se muito bem que esse tipo de dependência é uma forma de escravidão da vida afetiva porque, pra piorar as coisas, a vida afetiva tende a ser dependente mesmo do olhar do outro.

Outro elemento importante é o fato de que o sucesso tende a estragar nossa capacidade de avaliação da realidade e de nossos próprios atos. Quanto mais sucesso temos, mais nossa cognição tende a ficar submetida à rota do próprio sucesso. Quanto à vida moral, o estrago tende a ser ainda maior, entra no terreno do orgulho, normalmente fatal para qualquer caráter.

Enfim, nenhum profissional que vende fórmulas de sucesso dirá isso a você porque sua dependência é a prosperidade dele. O sucesso desumaniza porque, como dissemos na abertura destes exercícios filosóficos acerca da felicidade e da infelicidade, a humanização é a capacidade de convivermos com nossa insuficiência estrutural da melhor forma possível em vez de negá-la, como é comum na indústria do sucesso e nos afetos que ela nos causa.

E, por último: por que o verbo "gostar" não é um bom verbo quando você se move além do senso comum, que costuma ser viciado no mau entendimento das coisas? Porque este verbo pressupõe uma adesão afetiva e estética (da ordem das sensações) a alguma coisa. Supor que reconhecer a desumanização presente no sucesso e o efeito humanizador do fracasso seja da ordem de uma adesão afetiva e sensorial ao fracasso é já ter sido desumanizado pela indústria da promessa do sucesso. É perder de vista que fazer filosofia não é fazer marketing existencial. Pensar não é consumir ideias segundo nosso gosto. A filosofia nasce, em grande parte, do desencanto.

NOTA 19

Soft skills: a corrupção das humanidades

Eis um exemplo da moda como miséria programada: se você ler este livro daqui a cinco anos, talvez nem saiba o que sejam *soft skills*, mas vou tentar tornar esse conceito da moda um pequeno clássico da infelicidade sistematizada, para não datar nossa conversa.

O moto inicial desse conceito é descrever skills ou habilidades que não seriam *hard*, isto é, habilidades técnicas. Estas são facilmente ensinadas, treinadas e submetidas a métricas de resultados. Salta aos olhos que as *soft skills* derivam do campo mais vinculado às humanidades, e, por isso mesmo, são difíceis de ser treinadas e submetidas a métricas de resultados. Entretanto, esse campo das humanidades deve submeter-se a um processo de corrupção do núcleo de significado dessas disciplinas que passam a ser tratadas como habilidades a fim de parecerem passíveis dos mesmos métodos de aferição que as hard skills. E, desse modo, podem ser transformadas em objeto do mercado de treinamento e palestras motivacionais em geral.

As chamadas *soft skills* transitam por características que os profissionais buscam desenvolver a fim de lidar de forma mais eficaz consigo e com os outros, trabalhar em equipe, ser flexível diante dos desafios do dia a dia, saber se comunicar e se relacionar com a diversidade social existente. Salta aos olhos o fato de que tais habilidades seriam oriundas das ciências sociais, da psicologia e da antropologia (algumas das disciplinas mais conhecidas da área de humanidades), e, portanto, de difícil cálculo de resultados. O que essa moda no mundo corporativo indica é o surgimento da necessidade de lidar com a crescente complexidade da sociedade contemporânea e seu impacto no mundo da produtividade, e nesse sentido está muito próximo do fenômeno contido no jargão da "inteligência emocional", que sofre dos mesmos males, como veremos mais adiante.

O problema é que as tais *soft skills* são fruto de processos do que em filosofia chamamos de "*esprit de finesse*" e não geométricos, ou seja, processos que se dão ao longo do tempo, sem serem passíveis de identificação racional, fruto de hábitos cotidianos e permeados por detalhes e de difícil repetição experimental. O que isso significa na prática?

Significa que você até pode fazer um *media training* ou ouvir alguém falar sobre combate a preconceitos, mas isso em nada significa que assimilará estados de espírito em que você conviva "melhor" com o que não gosta ou seja alguém que você não é. Habilidades humanas que resultam de hábitos instalados ao longo do tempo são da ordem da ética e a ética é uma arte prática que se dá ao longo de muito tempo e não num workshop.

O sucesso desses treinamentos nada tem a ver com o significado das humanidades – que é conviver o melhor possível com nossa humanidade ambivalente e insuficiente –, mas sim com o medo de ser demitido. Tudo que é submetido à pressão competitiva sucumbe à pressão competitiva – redundância proposital. Degenera ou vira fera.

NOTA 20

Autossuficiência moral

O debate ao redor da autossuficiência moral é antigo, como tudo que realmente importa. E é antigo porque deita raízes na condição humana, filha da contingência ou da vontade dos deuses, e na luta para negar essa condição via a capacidade de se tornar autônomo – eis o nascimento da filosofia na Grécia.

A filosofia na Grécia não era mero exercício acadêmico. A Academia de Platão era um lugar de busca do logos, ou seja, um lugar em que através da devoção à verdade sobre as coisas e do diálogo sincero deveria-se produzir uma libertação do homem da ignorância, superstição e maus sentimentos.

Uma espécie de terapia da alma. Para Sócrates e Platão, a filosofia sempre foi uma questão de vida e morte e não mero jogo retórico como se desconfia que seria, em parte, a prática dos relativistas sofistas. Formação e não informação.

Teremos tempo mais à frente pra discutir a relação entre (in)felicidade e verdade. Neste momento, quero dizer algumas poucas palavras sobre a possibilidade de atingirmos ou não – ou em que grau – alguma autossuficiência moral na vida. Ser autônomo moralmente traz felicidade?

A resposta é menos óbvia do que pode parecer. Primeiro, nunca se chegou a uma resposta pra essa pergunta de modo definitivo. Seja por motivos religiosos – a herança do pecado original, por exemplo, em Santo Agostinho entre os séculos IV e V –, seja pelo temor das paixões em grande parte da filosofia, desde a Grécia. Até onde consigo me controlar e não me perder por uma mulher gostosa ou pelo desejo do poder? Quem tiver a fórmula definitiva que diga – veremos uma das tentativas mais consistentes logo a seguir quando falarmos dos estoicos.

Assumindo a autossuficiência no debate contemporâneo, não me parece que ela esteja, tampouco, na moda, apesar de o marketing, como sempre, mentir sobre isso. São muitos os elementos que apontam para uma terceirização das responsabilidades pelos atos, núcleo ético da ideia de autossuficiência moral. Causas sociais, psicológicas, genéticas, econômicas, políticas, todas se somam para terceirização do motor do nosso livre-arbítrio, como dizia Santo Agostinho. Tais elementos podem ser compreendidos tanto como causas quanto como limites à ação suficiente moral. Portanto, não acredito que a ideia de autossuficiência moral esteja na moda.

Entretanto, permanece a questão: A autossuficiência moral traz felicidade? Não creio. Primeiro ninguém é autossuficiente em quase nada, muitos são os agentes e elementos que impactam nossa ação, para o bem e para o mal. Isso não significa que não tenhamos algum espaço para a decisão autônoma, mas esta é fortemente mediada por elementos exteriores a ela.

Por outro lado, a ideia de você ser plenamente autônomo nos causa horrores, principalmente no mundo contemporâneo em que o amadurecimento está em recuo. O peso de ser autossuficiente moralmente quando somos insuficientes estruturalmente gera uma grande contradição psicológica e moral. Não estamos a tal altura, mesmo que sinceramente tentemos. Mesmo que o marketing minta, quase ninguém suporta.

NOTA 21

A constante estoica

O estoicismo seduz até hoje. E por quê? Porque busca um controle equilibrado das paixões via o uso da razão. Em tempos de histeria do desejo, ainda que em processo de decomposição, nos emociona a ideia de você tentar se conter em meio à cultura do ridículo e da molecagem que virou o debate público e a sociabilidade por conta das redes sociais.

Na esteira da filosofia antiga como modo de viver, como dizia o filósofo Pierre Hadot (1922--2010), o estoicismo não é uma escola de pensamento que visava a discursos apenas teóricos, mas um projeto de filosofia que procurava implicar o sujeito que busca o conhecimento. O pecado contemporâneo, como de costume, é querer transformar o estoicismo em fórmula de sucesso facilitado.

As inquietações da existência, a efemeridade da vida, o destino fisiológico que deságua no patológico, o medo do abandono, a escravidão ao sucesso, o imperativo da prosperidade, a transformação da vida emocional em recurso para a produtividade, enfim, tudo se soma para fazer do estoicismo uma constante, isto é, uma resposta constante a tudo isso descrito, que impacta a vida humana, há, no mínimo, dois mil anos mais ou menos.

A ideia de que a felicidade dependa de algum grau de limite dos anseios de sucesso no mundo é um clássico para todo mundo que pensa a sério sobre o tema. E, nesse sentido, nunca se mentiu tanto sobre a felicidade como em nossa época, em que todos são obrigados a mentir sobre si mesmos de forma quase profissional, já que as mídias sociais transformam a pequena vida de qualquer um de nós em matéria do marketing digital.

O conceito de "cidadela interior" do filósofo romano e imperador Marco Aurélio (121-180 d.C.) é um excelente exemplo para a busca estoica. Saber que questões tais como se o mundo é regido por uma contingência cega (como os atomistas epicuristas

"A VIDA É BREVE. SABER DISSO PODE NOS AJUDAR A TER UMA ALMA MAIS TRANQUILA E MENOS FRUSTRADA."

pensavam) ou se há um logos maior que rege as coisas é um dos centros da preocupação estoica. Assumir essa última hipótese, como é o caso de Marco Aurélio, significa buscar viver segundo essa ordem maior e entender que, uma vez que assim o fazemos, protegemos nossa vida interior das tormentas que os enganos do mundo lançam sobre nós. A vida é breve, saber disso pode nos ajudar a ter uma alma mais tranquila e menos frustrada.

A física materialista estoica também está a serviço do modo de vida filosófico em Marco Aurélio. Por exemplo, sabe-se que a capa imperial era de cor púrpura. O imperador filósofo costuma dizer pra si mesmo que aquela capa, no fundo, era uma simples combinação entre tecido, restos de frutos do mar e conchas que dava a cor púrpura, que, por sua vez, simbolizava o líder do grande império. Lembrar pra si mesmo que aquela capa nada mais era do que matéria sem significado dava o limite da excessiva crença no valor do objeto simbólico: no fim das contas, tudo vaidade. O mar segue, o império e ele, um dia, deixariam de existir, como tudo mais que é humano.

Viver o presente, sem nostalgias ou obsessões com metas futuras (tão comum entre nós), pode nos dar mais fôlego para usufruir o que é bom à nossa volta, na concretude do cotidiano. Entender que nem tudo à nossa volta pode ser controlado por nós e que, portanto, muito da vida é submetido a um destino maior (alegrias temporárias, sentimentos que nos assolam, doenças, perdas, mortes, tristezas), e que esse destino se repete há milênios e continuará se repetindo, tudo isso é objeto da filosofia estoica na busca por uma felicidade que seja a justa medida entre o anseio e a realidade. Esta nunca foi desenhada segundo nossas expectativas, e nunca será. Como dirá Freud (1856-1939) no clássico *O mal-estar na civilização*, a felicidade humana não parece ser parte dos planos da Criação. Não à toa seu biógrafo Peter Gay (1923-2015) o chamava de velho estoico. Mas teremos tempo de pensar ao lado de Freud sobre essa questão.

NOTA 22

O problema da restrição de recursos da natureza humana: a imperfeição como condição da vida

O ser humano é passível de aperfeiçoamento infinito? Não. Mas um dos terrenos em que o debate sobre felicidade no mundo contemporâneo mais transita é a afirmação constante de que somos um ser com recursos irrestritos para atingir uma perfectibilidade crescente e constante.

O filósofo e economista americano Thomas Sowell, em *Conflito de visões,* estabeleceu uma hermenêutica (interpretação, em linguagem dos mortais), a meu ver, definitiva sobre essa questão. Quando supomos que temos recursos irrestritos para resolver os problemas humanos, criamos mais problemas do que soluções. A condição restrita da condição humana (redundância proposital) nos impõe limites à felicidade de modo definitivo, como vimos um pouco antes ao falar da constante estoica.

Mas, por outro lado, se entendemos que somos restritos em nossos recursos, nos aproximamos muito mais do objetivo estoico. O problema é que a visão restrita da natureza nos ofende. No fundo, o que está em jogo é o orgulho como estrutura fundante da concepção de natureza humana irrestrita. Amamos pensar que somos perfectíveis ao infinito.

Dizer que temos uma condição restrita é entender que nunca há recursos infinitos para nada no universo. Tudo é contado. Não é à toa que a economia, ciência por excelência da carência de recursos, é conhecida como *"dismal science"*, a ciência triste. Essa tristeza ilumina a infelicidade estrutural da visão de natureza humana restrita que Sowell apresenta e que, normalmente, é vista como uma visão pessimista das possibilidades humanas.

Por que é tão difícil conviver com a ideia da impossibilidade de sermos perfeitos? Seguramente há um componente infantil primitivo (no sentido freudiano de vida psíquica primária) nesse sofrimento. A imperfeição como condição estrutural do homem (outro modo de falar da insuficiência,

"NÃO HÁ FELICIDADE QUE NÃO SE RECONHEÇA IMPERFEITA E RESTRITA."

grande protagonista de nosso percurso aqui) tem desdobramentos em vários âmbitos, que vão da filosofia da existência à vida dos afetos, da razão, do corpo até a política. Implica uma aceitação de que nunca conseguiremos realizar os planos de perfeição da vida. Nunca seremos tão bons como pensamos ser, nossos filhos nunca serão o que projetamos para eles, a família nunca é feliz, nem temos uma autoestima tão alta quanto fingimos ter.

Portanto, o problema da natureza humana restrita se refere ao cotidiano de nossos anseios e não, apenas, fala de temas abstratos da filosofia. E é aqui que essa restrição mais dói. Não há felicidade que não se reconheça imperfeita e restrita. O contrário desta é puro marketing, a ciência da mentira sistemática do século XXI. Como diz a sabedoria popular, não há felicidade que dure, nem infelicidade que não acabe.

NOTA 23

O tempo sociológico acelerado da modernidade como matriz de uma nova forma de infelicidade

O tempo tem uma dimensão social, como bem mostrou o sociólogo Norbert Elias em sua obra *Sobre o tempo*. Esse tempo social é o resultado da interação entre os atores sociais num determinado espaço e num determinado intervalo de tempo. Claro que por isso não queremos dizer espaços pequenos ou intervalos curtos. Na verdade, trata-se aqui de vastidões geográficas e temporalidades históricas. Trata-se, especificamente, da instalação e ampliação da modernização e sua aceleração econômica.

A experiência do tempo se dá de distintas formas, a partir dos referenciais metodológicos usados para a análise dessa experiência. Há o tempo biológico, há o fisiológico, o patológico, o físico (em termos astrofísicos), o geológico (lento, como se diz), o ecológico, enfim, muitos. O tempo sociológico é uma experiência essencialmente humana, depende da consciência enquanto tal. Não à toa, Freud costumava dizer que o inconsciente é atemporal, fora do tempo. Parte desse tempo ao qual Freud faz referência como não existente para o inconsciente é justamente o tempo social.

Portanto, o tempo social nasce nas tramas do cotidiano, se estendendo adentro da temporalidade histórica, perfazendo um perfil de experiências determinadas pela velocidade das trocas, pelas demandas de resultados, pelas métricas de eficácia. O tempo social vai além do tempo burguês, claro, mas conhecemos pouco no mundo contemporâneo um tempo social que não seja contaminado pelo tempo social dos resultados. Podemos imaginar como foi o tempo social na Grécia antiga, na Roma antiga, na Idade Média ou na China antiga. Provavelmente, mais lento. No mundo em que vivemos, a tendência do tempo social é ser cada vez mais acelerado. Como esse fato dialoga com a ânsia contemporânea pela felicidade?

Simples. A velocidade da vida aniquila qualquer tentativa de equilíbrio emocional mais verdadeiro.

Uma aceleração pautada pelo imperativo do resultado, como já vimos antes, impossibilita qualquer tentativa mais criativa diante do cotidiano. Poucas opções para além de métodos repetitivos que visam aos mesmos resultados reforçam a infelicidade como realidade sistêmica.

A infelicidade sempre foi um dado da natureza, agora temos um modo em escala industrial dela. Não sabemos ainda como ela será vivida em escala industrial cognitiva, mas já temos uma ideia quando olhamos para o Instagram e para os adultos e jovens que se desesperam no combate à irrelevância de cada um de nós.

NOTA 24

Inteligência emocional: a falsa vida das emoções

As emoções nos deixam mais felizes? É possível uma gestão positiva da vida emocional a fim de enfrentar os efeitos colaterais do mundo acelerado em nome da produtividade?

A ideia de uma inteligência emocional, conceito best-seller do mercado de autoajuda mais sofisticado, visa ao gerenciamento da vida afetiva a serviço da lógica de resultados. Quando navegamos pelos buscadores, as palavras-chaves relacionadas ao tema se repetem: procedimentos automotivacionais, gestão das emoções para otimização das carreiras, ferramentas para relacionamento interpessoal com objetivo de aprofundar o networking.

O debate acerca das emoções no mundo corporativo é uma derivação bastarda do utilitarismo em liquidação. Utilitarismo na sua terceira idade. Essa escola ética definiu o bem moral como a otimização de ferramentas sociais com o objetivo de ampliar o bem-estar e reduzir o mal-estar. Isso era a virada do século XVIII para o XIX; de lá pra cá, o mundo desandou muito. Ideias como sentimentos morais, imaginação, liberdade, coerência, típicas do utilitarismo clássico de John Stuart Mill, no começo do século XIX, apontaram para a dimensão de certas experiências do afeto como fundamento do bem-estar no cotidiano social e do trabalho.

O jargão "inteligência emocional" é uma das fronteiras da infelicidade sistêmica em nossas sociedades contemporâneas. Quando não se pode mais sofrer sem ter que fazer desse sofrimento uma forma de prosperidade, nem a dignidade da tristeza é preservada. O resultado é que mesmo nos momentos sombrios da vida torna-se imperativo comportamental rir como um idiota para ser o funcionário no mês. O velho McDonald's torna-se paradigma motivacional universal. O rosto idiotizado da fotografia da loja de lanches rápidos passa a ser objeto de teses do campo conhecido como "humanização dos processos produtivos".

Num mundo em que a felicidade, ou as paixões alegres, como se fala em filosofia moral, passa a ser inteiramente cooptada pelo imperativo do sucesso de vendas, o último reduto da humanidade se revela como sendo uma autenticidade que não teme a infelicidade.

NOTA 25

Verdade e felicidade

Será a verdade um caminho estreito para a felicidade? O tema é espinhoso e transita desde as formas exteriores e sociais de produção de verdades até o âmbito mais interior, psicológico ou espiritual da experiência do que aquele que vivemos como sendo verdadeiro. Vale salientar, claro, que os dois âmbitos se comunicam e um não tem vida sem o outro. Não existe uma vida interior sem sua contrapartida exterior, nem vice-versa.

A produção exterior ou social do que entendemos como verdade é objeto de infinitas controvérsias, conhecidas hoje como narrativas. Partidos políticos, políticos profissionais, governo, oposição, mídias e instituições em geral são agentes direto de produção de verdades exteriores ou sociais. Estas sempre carregam consigo uma dimensão de desgaste, muitas vezes salva pelo conceito relacionado de credibilidade. O próprio sentimento de déficit de verdade nesse âmbito produz infelicidade, principalmente naquelas almas mais ingênuas.

O vínculo com nossa busca pela felicidade aqui se dá mais na indagação concernente à verdade interior, aquela de teor psicológico ou espiritual. Por que Jesus Cristo disse que a verdade nos libertaria? A ideia de que a verdade é libertadora já transitava antes de Jesus Cristo, pelo universo filosófico grego e romano. A dinâmica dessa libertação estaria no fato de que, quando não mentimos pra nós mesmos, somos mais felizes, apesar de o processo em si poder ser, muitas vezes, doloroso e a travessia, um tormento. Semelhante é a ideia no campo psicanalítico freudiano. Quem mente pra si mesmo a vida inteira gasta um enorme quantum de energia psíquica pra manter a mentira funcionando e tamponando a verdade dolorida escondida.

A dialética platônica praticada por ele e na sua escola, a Academia, era um espaço onde os alunos eram estimulados a debater argumentos com o objetivo de reconhecer as inconsistências de suas próprias crenças – esse era o método e a intenção do ensino socrático. A intenção não era retórica, como nos sofistas, porque, se assim o fosse, nenhuma verdade em si seria descoberta. Surge aqui um vínculo interessante: a meta é descobrir nosso erro e alçar a uma posição, na filosofia, que significa se libertar da pura e simples intenção de mentir para vencer o debate, o que é muito mais comum e mais fácil.

Concluímos daí que, à semelhança do vínculo entre fracasso e amadurecimento apontado antes, há uma sutil relação, para os antigos filósofos gregos, entre o erro e a verdade. Se para Sócrates o importante era reconhecer sua douta ignorância, fruto do erro como salto para a verdade, à diferença dos sofistas que nunca erravam porque não havia nenhuma verdade jamais em conta, percebemos que só os que erram veriam a verdade, mesmo que a distância, e sem nunca tocá-la de fato, e de modo reverente. Dito na chave cristã, só os que erram verão a Deus.

NOTA 26

A (in)felicidade da saúde plena

A saúde é um dos paradigmas mais presentes no mundo da felicidade hoje em dia. E com razão. Sem saúde não há nada que valha a pena. A saúde é o nome dado pelo senso comum à graça de ter um corpo e dele usufruir por um tempo determinado, que, na maioria das vezes, é menor do que desejávamos. A saúde é aquilo que existe antes de a insuficiência se manifestar.

Os mais velhos sempre disseram coisas como "com saúde tudo mais fica bem", e sempre tiveram razão. Aliás, os mais velhos quase sempre têm razão em tudo que se refere à condição humana. Talvez esta seja uma das definições antigas e válidas do que seja felicidade: usufruto do corpo saudável, ainda, claro, que você possa ter corpo saudável e não ter uma mente saudável.

Interessa-me aqui o desequilíbrio mental introduzido pela obsessão pela saúde no mundo contemporâneo. É isso que chamo de infelicidade da saúde plena, que não é tão fácil de se perceber.

Essa é uma das áreas mais obsessivas do mundo. O vínculo entre saúde e pureza nunca foi tão claro. Não ser saudável é ser sujo, se já não bastasse o sofrimento da não saúde, agora a ele é somada a pecha de incompetência, estupidez e sujeira emocional. É claro que num sistema baseado no sucesso e na produtividade a doença é um obstáculo constante. O problema é que o encontro com a doença é inevitável. Um dos sintomas desse processo, já cantado em prosa e verso por muitos palestrantes de "inovação", é a caracterização crescente do envelhecimento como doença e não mais como um processo natural.

Poucos se atentam para o fato de que essa "mudança de paradigma", como gente brega gosta de falar, implica um novo mercado em que você começa a envelhecer aos vinte anos. Um dos motivos dessa nova definição de envelhecimento como patologia, e não mais fisiologia, é o aspecto estético associado à perda da beleza e da saúde. Ficar feio é coisa de doente. Na verdade, essa mudança de paradigma é fruto do *ethos* eugênico que caracteriza o parque temático moderno. Desde que a eficácia se colocou como métrica da vida, a perda da saúde se revela em câmera lenta e em detalhes.

A mania pela saúde, que envolve uma gama gigantesca de aparelhos comerciais e produtos, necessariamente produz uma forma sistemática de infelicidade. Essa forma é travestida de gozo pela vida saudável, e a inconsciência característica do mundo moderno no que tange a todos os limites naturais da existência se torna uma das rotas inevitáveis da infelicidade como destino precoce. O mundo da saúde é um mundo pautado pelo fracasso constante. E nesse caso é negado ao fracasso sua natureza de humanização porque ao doente sobra apenas a evidência de que ele foi incapaz de conseguir aquilo que, aparentemente, todos os outros conseguiram: o mal infinito de um acordo mefistofélico com uma fantasia de eternidade.

NOTA 27

Na força do ódio

Sim, o ódio tem força. Seguir na força do ódio é se deixar inundar pelo desejo de destruição. Freud já havia nos assinalado que somos habitados por uma força destrutiva e autodestrutiva.

Apesar desse fato histórico inegável, tornou-se moda nos últimos anos propagar uma versão do homem em que ele deve odiar seu ódio, e com isso eliminar de si mesmo qualquer forma de desejo sombrio. A santidade vendida ao portador tornou-se uma prática rentável. Todos que desejam ser famosos e relevantes devem abraçar alguma causa em que o bem seja evidente como purpurina. Muitas vezes o que sobra a quem não quer mentir o tempo todo é o ódio à santidade na sua recente forma de marketing de produtos.

Mas o gozo do ódio está ali mesmo onde ele é negado. Como nos ensinou Freud com seu conceito de pulsão de morte, mesmo quando ela não aparece, ela move parte do mundo. Um dos modos desse movimento é a própria autodestruição. Dito de outra forma, ou você tem sombra na sua alma e a reconhece, mesmo que ela assombre seu destino, ou a vingança da sombra será maligna.

Um terreno especialmente fértil à pulsão de morte é a moral, ou o superego, na terminologia freudiana. Àqueles que julgam Freud ultrapassado, recomendo que olhem à sua volta e vejam que quase tudo o que se fala hoje no debate público tem a ver com sexo, apesar de que os mentirosos chamam sexo de gênero. O superego se alimenta da tortura moral. Dizendo não ao desejo, ele cresce, fica mais forte e brilha. A ideia de que a moral não nos faz sofrer é para iniciantes. Aí reside sempre a grande falsidade dos bons.

É evidente que odiar nos faz mal, mas quem disse que podemos nos dar ao luxo de não compactuar com o mal?

NOTA 28

Dinheiro compra felicidade e amor?

Qualquer reflexão filosófica sobre a felicidade que se preze deve enfrentar esta pergunta que parece, à primeira vista, banal: dinheiro compra felicidade e amor? Nelson Rodrigues dizia que dinheiro compra até amor verdadeiro. Seria isso verdade?

Nelson não era fraco. Seu entendimento da natureza humana era feroz. Dizer que dinheiro compra até amor verdadeiro tem bastante sentido no teatro em que se desenrola nosso drama. Mas isso não quer dizer que ele garanta a felicidade. O próprio Nelson também dizia que não se pode amar e ser feliz ao mesmo tempo, você deve escolher. Difícil escolha, mas, em tempos contemporâneos, suspeito que a escolha está feita: ser feliz e não amar. Amar implica um ônus que quase ninguém mais suporta. O problema é que abrir mão do amor em nome da felicidade pode se revelar um grande engodo. Não há garantias de que viver sem amor implique uma vida com felicidade, pode implicar, talvez, uma vida sem muitas frustrações amorosas, e só isso. O cemitério também é um lugar de poucas frustrações para quem ali habita. Quem sofre são os outros que contemplam o cemitério e sentem o cheiro da terra molhada, das pedras e das flores.

Mas e a felicidade pode ser comprada? Não há garantias tampouco, mas garantias não são um traço da condição contingente que nos assola. Arriscaria dizer que o dinheiro compra grande parte do que nos é possível experimentar como felicidade, mesmo que muito ainda fique de fora. A insuficiência humana, protagonista deste nosso percurso, não pode, evidentemente, ser enganada. Ela é inevitável, mas a vida nos é dada em migalhas, e muitas dessas migalhas podem ser menos sofridas, ou pelo menos serem adiadas por alguma quantidade de dinheiro; não fosse isso verdade, as pessoas não matavam e morriam por dinheiro. Ele pode, inclusive, dar a você um ar de quem não tem preço. Mas lembre-se de que, normalmente, quem afirma não ter preço são as pessoas mais baratas e em liquidação. O caráter pode ser uma das coisas mais baratas no mercado da infelicidade.

Dinheiro pode trazer mais saúde, dinheiro pode trazer mais realizações, dinheiro pode tornar disponível mais generosidade, dinheiro pode oferecer mais beleza, dinheiro pode sustentar mais filhos e pets, dinheiro pode realizar mais sonhos, dinheiro pode fazer você ser mais otimista, leve e divertido. Dinheiro é, enfim, uma boa companhia. Enfim, quem pensa poder provar o contrário, que atire a primeira pedra.

NOTA 29

Felicidade e mal-estar

A busca pela felicidade em escala, como em nossos dias, é uma das maiores causas de infelicidade. Eis uma constatação irônica.

Quando Freud escreveu *O mal-estar na civilização*, ele, provavelmente, não tinha ideia de que tecia uma profecia. Sua afirmação máxima, "a felicidade humana não faz parte dos planos da Criação", é uma novidade até hoje, para os incautos.

Para além do fato que a felicidade é sempre um breve momento ou uma reconstrução da memória sobre um tempo perdido, a tese de Freud reside no fato de que o mal-estar em questão é o preço a pagar pela civilização. A civilização nos dá água, esgoto, ciência, aviões, celulares, direitos humanos, uma certa ordem mínima razoável de convívio público, mas, em troca, ela sepulta a ilusão de uma felicidade plena. Não é por acaso que Freud entendia que um paciente que chegou a conseguir trabalhar e amar razoavelmente estava bem.

O advérbio "razoavelmente" é essencial neste cenário, porque ele vai de encontro, portanto é contrário, ao imperativo categórico discutido há pouco, descrito como o império das metas e das métricas. Quando se metrifica a razoabilidade, ela sempre fica próxima à miséria dos resultados e distante da plenitude dos sucessos. A vida razoável tem sido tratada, inclusive pelas ciências humanas inteligentinhas, como opressão patriarcal ou algo idiotamente semelhante. Não se pode pôr a culpa dessa humilhação da vida do espírito humano – como semelhante à inteligência –, apenas na conta da grosseria dos estúpidos. Os elegantes e seus repertórios franceses também humilham a razoabilidade da vida como signo de fracasso da felicidade.

Infelizmente, não há vida humana fora de alguma forma de civilização. O homem feliz rousseauniano da natureza plena nunca existiu. No seu lugar, o que encontraríamos seria o macaco da vida breve e bruta de Hobbes. E no meio, nós, os razoavelmente felizes, combatendo, a cada instante, uma infelicidade maior e mais plena.

NOTA 30

Transumanismo: uma história de superação?

No mundo das palestras corporativas, o tema da superação é um blockbuster. Histórias de pessoas que venceram dificuldades imensas e que, depois de um calvário, ficaram ricas abundam no cardápio. A abundância da vida é medida pelos índices da bolsa. A superação é apresentada como uma commodity do espírito ao alcance de todos, inclusive de você e seu pânico diante do envelhecimento e do cansaço. Esse mesmo cansaço que um dia foi visto pela filosofia como virtude diante dos enganos do mundo e hoje é visto como signo de incapacidade de superação.

E quando a superação em jogo é a superação do humano enquanto tal? Minha suspeita é de que, movidos pelas métricas da felicidade como desempenho, performance e resultados objetivos, não teremos nenhum recurso moral à mão para resistirmos à superação do humano pelo transumano. Vejamos.

Transumanismo é uma teoria segundo a qual, através da tecnologia, chegaremos a um humano em interface material e intelectual com plataformas cibernéticas, genéticas e inorgânicas. Nesse cenário, podemos mesmo falar, como alguns mais radicais, de uma eternidade na nuvem. Não quero aqui atingir o alto dos delírios com a obsessão "trans" que agora vivemos. O fetiche com não ser coisa nenhuma, não ter identidade nenhuma, delirar num trânsito de lugar nenhum para nenhum lugar não nos importa tanto aqui. O que nos importa é o que é possível em termos de editar os genes humanos para criarmos humanos cada vez mais saudáveis, inteligentes e bonitos. Refiro-me, portanto, à ideia da superação do humano naquilo que ela tem se demonstrado como pauta científica, jurídica e social, e não na sua dimensão de ficção científica que caracteriza mais os delírios do povo da Singularity University do Vale do Silício.

Ao longo dos anos em que discuto esse tema com alunos, a partir de obras como *Frankenstein* ou *Admirável mundo novo,* ou mesmo a partir de artigos científicos, observo uma lenta e gradual aceitação da ideia de editar seres humanos para fins do "bem". Podemos mesmo supor que, em breve, a própria noção de filhos reproduzidos ao acaso será considerada um ato não sustentável, assim como a derrubada de árvores na Amazônia.

Companhias de seguro e planos de saúde cobrarão muito caro por crianças geradas ao acaso, fruto de irresponsabilidade reprodutiva.

E quando o capital abraça um processo histórico, não tem retorno. Ainda que empacotado pra presente, o elemento humano – entenda-se, sua insuficiência – é o *target* desse processo de transumanismo. A meta é criar um humano o mais suficiente possível. E isso não será o resultado de estados totalitários como pensam os inteligentinhos, mas da interação da grana pra investir em tais métodos e de muito amor por uma prole que seja a mais perfeita possível. Será, portanto, fruto da liberdade liberal (redundância proposital) e não da imposição do Estado. Uma eugenia de mercado.

NOTA 31

O apagão do desejo como felicidade

Anos atrás, um colega da mídia, comentando um comercial de TV que na época havia levado as feministas à ira – aliás, coisa fácil de se conseguir, basta colocar algo que contemple o desejo do homem heterossexual para que elas enlouqueçam de ódio e espumem –, disse algo que julguei bastante procedente para a polêmica em questão.

O comercial mostrava uma modelo deliciosa anunciando ao seu marido, com roupas íntimas, que havia batido o carro. Ele, tomado pela embriaguez da deliciosa esposa de calcinha e lingerie, pouca atenção deu ao alto custo que seria o reparo do carro dela.

Bom, até aqui, se o mundo ainda fosse um lugar de bom senso, qualquer um reconheceria que uma mulher deliciosa, de calcinha e lingerie consegue o que quiser do marido enlouquecido de tesão. Desde a pré-história sabe-se disso. Aliás, se Eva não fosse muito gostosa, estaríamos até hoje no paraíso, mas Adão sendo um homem heterossexual, evidentemente mandou Deus e sua Criação para fazer o que a Eva queria, e, assim, poder garantir que continuaria a comê-la. Seja lá quem escreveu o "Gênesis", era, seguramente, um sábio.

Objetificação do corpo, da mulher, sexismo, machismo, patriarcalismo, tudo de comum no mundo chato de hoje em dia foi dito e lançado contra o comercial que acabou por sair do ar. Diga-se de passagem, o marketing é, por excelência, a ciência da covardia no mundo contemporâneo.

O brilhante comentário do meu colega foi o seguinte: feliz a mulher que ainda hoje é desejada pelo marido a ponto de que ele nem ligue para o gasto de consertar o carro porque ela é tão gostosa que merece tudo. Pois bem, uma das formas de felicidade pregada pelo "campo progressista" é a ideia de que o desejo deve ser o que elas, feministas azedas e infelizes com sua experiência amorosa, acham que deve ser.

Só a morte do desejo criaria pessoas politicamente corretas no desejo. No fim do dia, o que as inimigas do desejo querem é o fim do desejo, puro e simples, porque o desejo sempre foi um irmão muito próximo da infelicidade, da ansiedade e do desencontro, ainda que, quando correspondido, é o paraíso que Adão pensou em ter com Eva, abrindo mão do jardim do Éden com Deus.

NOTA 32

Felicidade para idiotas

Este é o tipo de felicidade ao qual me refiro quando digo que felicidade é para iniciantes. A felicidade vendida na autoajuda e no coaching. Simples de descrever, simples de entender.

Esse tipo de felicidade é fruto do empobrecimento da experiência humana e do projeto baconiano de atar o mundo para nos fazer felizes. A degeneração da busca de bem-estar acima de tudo. Organizado ao redor da técnica e da gestão, esse projeto de felicidade expulsa as sombras da vida subjetiva fazendo dela consumidora de filmes de super-heróis já em idade adulta – do contrário, como ser feliz como uma criança? Antes de tudo, devemos lembrar que crianças não são felizes. Esses filmes são uma arte para retardados morais. Deem as mãos na reunião da firma, chorem juntos, se possível, aprendam a confessar suas vulnerabilidades. Mas, no fim do dia, não esqueçam de pontuar.

Se a condição humana é definida pelo enfrentamento da contingência em todos os níveis, como vimos antes, qualquer entendimento minimamente adulto de felicidade tem espaço para a contingência, inclusive como graça, quando ela te sorri. Se a vida é drama em cena, o idiota dessa felicidade é o idiota roteirista de *Macbeth* que não se sabe idiota. Qualquer pessoa que acredite ser possível equacionar o problema da existência em um planejamento estratégico passou por esse empobrecimento. É nessa brecha da miséria da alma que entra o coaching: onde você quer estar no réveillon de 2025? Quanto você quer ganhar até o ano que vem? Já vimos como essa profissão é a sistematização da lógica da produtividade que esmaga a vida subjetiva prometendo a ela prosperidade.

O enunciado em questão é: "Você está aqui e quer chegar ali – faça um projeto para este percurso", como se a felicidade fosse um endereço que você acessa pelo Waze.

Infelizmente, esse mercado da felicidade para idiotas é dominante. Por que será? Porque ele gera infelicidade e, assim, amplia as possibilidades de negócios.

NOTA 33

A infelicidade corporativa

O mundo corporativo é a distopia perfeita. Ao mesmo tempo é, cada vez mais, chamado a cumprir funções republicanas, assimilando, no seu quadro de colaboradores e de metas, temas considerados importantes para pautas de diversidade e sustentabilidade. Nesse processo, os CEOs tomam decisões políticas como se fossem representantes eleitos, assim como as grandes *tech* que produzem conteúdo público, mas são entidade de gestão privada.

Mas, para além desse "que" político, que não é nosso foco aqui, esse processo em que o mundo corporativo se faz do bem pode, facilmente, ser confundido com uma ética do cuidado, ou o que eles chamam, no mundo corporativo, de segurança psicológica. Mas, suspeito, há um equívoco de base aqui.

Esse equívoco está enraizado no argumento falso de que a ansiedade no trabalho pode ser resolvida com um endomarketing que visa mentir para os funcionários, chamando-os de colaboradores e mimetizando uma real preocupação com sua condição psicológica.

Com isso, nem pretendo apontar uma intenção necessariamente de má-fé na gestão de tal ansiedade. Digo que, simplesmente, ela não tem solução. A ansiedade é efeito colateral da lógica do capital na sua trajetória de sucesso. Ela pode mesmo ser considerada um combustível – a tal ansiedade ou o tal estresse construtivos – no processo de gestão do desempenho. Entretanto, o problema é que nalgum momento todo mundo para de performar.

O problema é que não há como impedir o vínculo necessário entre um trabalhador que perde o sentido e valor ao longo do envelhecimento – aliás, como tudo mais – e o fato de ser constantemente acossado pelo risco da perda de espaço da cadeia produtiva. Como todo mundo sempre soube, a redução do humano à função que ele exerce no mundo é fatal.

O mundo corporativo é gerador de infelicidade de modo estrutural. Não fosse por isso, não estaríamos montando um circo nele a cada dia para fazer com que os macaquinhos se sintam amados, antes da eliminação.

NOTA 34

A política, a natureza, a racionalidade e a utilidade

Eis quatro famosas chaves para se definir o campo possível da felicidade, mesmo entre filósofos de peso. Thomas Hobbes, J-J. Rousseau, Immanuel Kant e John Stuart Mill, respectivamente.

A infelicidade parece ser a matéria-prima da política em muitos casos. Sendo a vida breve, frágil e bruta, a única forma é legar a algo (o Estado) o monopólio legítimo da violência, para que ele faça a gestão racional do mal que reside no coração da violência política. A felicidade na política é um sonho que, historicamente, produz muita infelicidade no seu processo. A política pode sustentar um constante mal-estar na vida social, mas com alguma segurança.

A natureza é um refúgio contra a infelicidade, com mais sucesso do que a política, se pensarmos no número de escolas filosóficas que assim pensaram. Ao mesmo tempo, ser realizado depende mais unicamente de você do que da felicidade política, que é, essencialmente, coletiva. A natureza, ainda que cruel e muito distante do que pensam os equivocados veganos, carrega em si a norma da perenidade. Ao mesmo tempo que é infinita como o universo, que é, na verdade, a matriz da natureza em que vivemos, ela pode ser tocada pelas nossas mãos e, ao mesmo tempo, cuidada. A lida com a natureza, muitas vezes, produz em nós uma sensação de medida, e a medida está sempre mais perto da felicidade do que a desmedida das promessas de prosperidade. O silêncio do Logos, como diziam os estoicos, aquece o coração de quem precisa contemplar algo maior pra sentir um mínimo de felicidade no seu dia a dia.

As promessas de felicidade pelas mãos da razão são muitas. O romantismo duvidou duramente dessas promessas entendendo que a razão é infeliz. Infeliz porque olha o mundo pelo prisma da geometria e da promessa matemática, quando na verdade a vida se dá em meio às paixões intratáveis. Ainda que os românticos tenham razão na sua dúvida com relação ao império da razão, existe, como dissemos há pouco, um vínculo misterioso entre felicidade e medida. Talvez porque a vida seja frágil, e o cuidado demanda uma certa medida de cálculo racional. O próprio fato de que a vida segue uma lógica fisiológica deveria nos chamar a atenção para a natureza de sua existência: nascer, crescer, reproduzir e morrer. Pode haver um espaço dentro dessa racionalidade para não nos perdermos desejando mais do que ela pode nos dar.

Viver segundo o cálculo do que é útil para otimizar o bem-estar é a grande aposta moderna, como vimos ao longo destes breves exercícios filosóficos. A ideia de que não existam o bem e o mal como seres em si, mas apenas o sofrimento e a eliminação deste (coração da tese utilitarista), estabelece a agenda para a felicidade no mundo pós-morte da metafísica. Suspeito, porém, que, ao matar a metafísica moral do bem e do mal, o utilitarismo – assim como ateus que passam a adorar a história ou a ciência – acabou por criar uma outra forma de metafísica, aquela descrita na maior parte destas poucas notas e que responde pelo fato de o presente e o futuro serem da mentira sistêmica que, por sua vez, submeteu tudo à norma do cálculo do bem-estar. Sorrimos diante da escravidão que nos promete a felicidade, quando, como dissemos, o fracasso é que nos humaniza. A ética utilitária é uma aposta na infelicidade com glitter.

NOTA 35

Deus me livre de ser feliz

Espero nunca cometer essa gafe de ser feliz dentro dos parâmetros contemporâneos de felicidade definidos pelo marketing.

Espero cultivar sombras e fracassos o bastante para que mesmo no sucesso saiba que quem rege as coisas é a mais cega contingência.

Espero saber dizer "não" quando me for oferecido o plano para ganhar milhões de dinheiros à custa do que de fato tenha algum sentido em meio aos meus limites. Espero que nunca transforme esta última frase numa *hashtag* para provar que sou uma boa pessoa. Aliás, espero nunca ser uma boa pessoa. Nunca ter uma causa, e nunca fingir que sofro pelo sofrimento de quem não conheço. Mesmo que isso custe mais dinheiro, mais sucesso, mais emprego e mais mulheres jovens e gostosas no meu colo.

Espero cada vez mais falar menos e ler mais. Escutar os mortos, que sabem muito mais do que nós sobre o que é estar vivo. Como dizia o filósofo romeno, radicado na França, Emil Cioran, os "ratés" (os fracassados) são os grandes especialistas em felicidade. Eles deveriam ser os contratados pela diretoria de marketing dos grandes bancos. Mas há muito a publicidade perdeu sua inteligência. Agora, os publicitários acreditam na mentira que vendem. São eles que carregam, confiantes, a tocha da banalidade do mal no século XXI.

NOTA 36

O século XXI será da mentira e da psiquiatria

Creio ser muito fácil fazer uma profecia acerca do século em que vivemos. Ele será do marketing e da psiquiatria. Por quê? Vejamos em poucas palavras. Profecias devem ser enunciadas de modo brevíssimo para que as gerações futuras, nos seus contextos específicos, consigam encontrar um espaço para se ver na maldição anunciada.

O século XXI será do marketing porque ele será da mentira. A hipocrisia, que sempre foi a substância da moral pública, sempre prestou homenagem à virtude porque se reconhecia como sendo um vício, como disse La Rochefoucauld, no século XVII. Agora, a hipocrisia perdeu a consciência de que é vício e, portanto, não vê mais a distância entre ela e a virtude. Pensa ser ela mesma uma virtude.

Carregada pelas mãos de jovens absolutamente alienados na condição de jovens e, portanto, ignorantes, a mentira atingiu sua maioridade enquanto cidadã do mundo, e agora fala em primeira pessoa acreditando nas mentiras que conta pra si mesma de forma profissional. Essa narrativa profissional é o marketing. Quando tudo é marketing, não há um ponto fora dele a partir do qual possamos falar sobre ele. Se tudo é mídia, nada existe que não seja mídia, e hoje, tudo é marketing digital.

Quanto à psiquiatria, fácil saber. A saúde mental também caiu sob a lógica da performance. Resultados mais rápidos são cada vez mais demandados pelos pais, pelas escolas, pelas empresas. Essa rapidez é objeto de atenção e reprodução do capital. Quando algo é agente de reprodução veloz do capital, não há como escapar da força de sua gravidade.

Logo, marketing e psiquiatria dirão o que é e o que não é felicidade no século XXI. E você não terá nenhuma chance.

CONCLUSÃO

Uma pequena nota sobre o repouso na insuficiência

"Contemplar as coisas, as estudar, a elas se consagrar, nelas se absorver, não é isso mesmo ultrapassar a condição mortal e ter acesso a uma condição superior? Qual ganho, me diz você, que poderás tirar de tais estudos? Se não há nenhum outro, certamente há este aqui: saberei que tudo é pequeno, quando aprendermos a medida do olhar de Deus."
Sêneca, *Questões naturais*.

Nada mais buscar do que este olhar. Mesmo que não sejamos estoicos como Sêneca, ou que não tenhamos certeza acerca do seu Deus – o Logos –, há um elemento essencial nas suas palavras que pode

"TER A HUMILDADE NECESSÁRIA PARA PERCEBER QUE TUDO É PEQUENO."

escapar facilmente ao olhar incauto de alguém que só quer ser feliz: a humildade necessária para perceber que tudo é pequeno. A tal fama reconhecida no estoicismo de uma sabedoria perene deita raízes nessa cosmologia, ou física, da humildade, e não, como pensam alguns, nalguma forma de autonomia orgulhosa.

A felicidade habita o terreno das virtudes, por isso, como dissemos antes, é dependente da misericórdia. Mas ela também depende da humildade. Neste passo, ao contrário do que juram os especialistas em planejamento da vida para a prosperidade, o essencial é desistir de si mesmo como centro do universo, ou supor que o Logos seja você, e com isso ser capaz de ascender a um caminho tortuoso, mas possível, de saber que não somos o protagonista do roteiro do mundo, mas que, justamente, desistir de ser esse protagonista é que nos devolve a chance de descobrirmos a justa medida de nosso personagem num drama que nos ultrapassa e que encontra, nesse movimento, sua beleza maior, da qual fazemos parte. Essa beleza é que nos salva, em alguma medida, da infelicidade. Uma beleza que exige coragem aos olhos, à razão e ao coração.

Leia também:

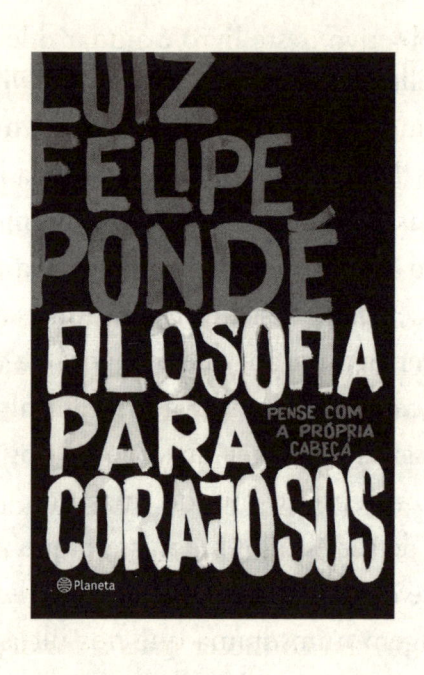

LUIZ FELIPE PONDÉ
FILOSOFIA PARA CORAJOSOS
PENSE COM A PRÓPRIA CABEÇA
Planeta

Pense com a própria cabeça

O objetivo deste livro é ajudar o leitor a pensar com a sua própria cabeça. Para tal, o filósofo e escritor Luiz Felipe Pondé, autor de vários best-sellers, se apoia na história da filosofia para apresentar argumentos para quem quer discutir todo e qualquer tipo de assunto com embasamento. Afinal, os grandes filósofos estudaram, pensaram e escreveram sobre os temas essenciais com os quais ainda lidamos no mundo contemporâneo. O livro está dividido em três partes: "Uma filosofia em primeira pessoa", onde o autor conta como ele entende a filosofia; "Grandes tópicos da filosofia ao longo dos tempos", que traz um repertório básico dos temas que todo mundo precisa conhecer mais a fundo; e "Por que acho o mundo contemporâneo ridículo", uma análise ferina da sociedade atual.

LUIZ FELIPE PONDÉ
AMOR PARA CORAJOSOS

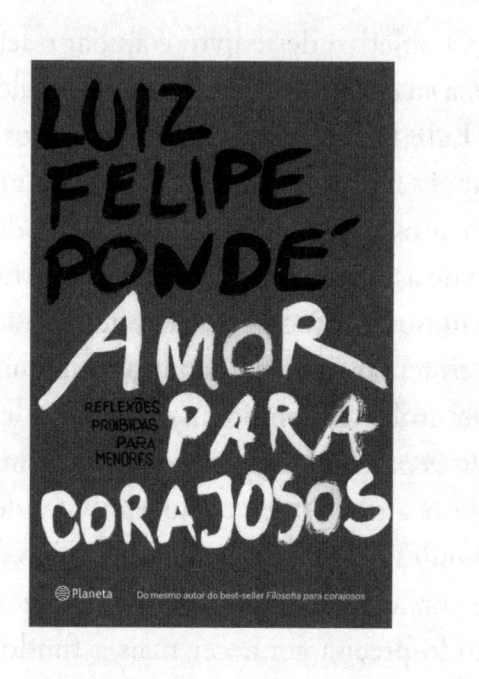

REFLEXÕES PROIBIDAS PARA MENORES

Planeta — Do mesmo autor do best-seller *Filosofia para corajosos*

Reflexões proibidas para menores

Como o próprio título sugere, *Amor para corajosos – Reflexões proibidas para menores* vai instigar o leitor ao exercício do amor. Afinal, segundo o próprio Pondé, o amor é uma experiência prática, jamais teórica. "Se você nunca entendeu a razão de a literatura estar cheia de exemplos de pessoas que 'morrem de amor', nenhuma teoria do amor vai salvá-lo do vazio que é nunca ter sofrido de amor."

LUIZ FELIPE PONDÉ

ESPIRITUALIDADE PARA CORAJOSOS

A BUSCA DE SENTIDO NO MUNDO DE HOJE

Planeta

Um guia sobre a fé

Muito além da fé em qualquer religião, a espiritualidade é uma busca por uma conexão com algo maior, divino. Afinal, o ser humano não precisa de respostas para tudo – ou precisa?

É a partir dessa busca que Luiz Felipe Pondé escreveu *Espiritualidade para corajosos* – a busca de sentido no mundo de hoje. Como ele mesmo diz, não se trata de um tratado sobre espiritualidade e nem um manual traçando sua história. "É um livro que parte de uma intuição: a vida não tem sentido evidente, portanto, é necessário dar um sentido a ela, como disse o escritor francês Albert Camus." O filósofo confessa que, mesmo não tendo fé, ele se mostra encantado com a possibilidade de ter esperança – mesmo que não haja motivo seguro para tê-la.

Pondé discute se é preciso ter coragem para manter uma vida espiritual e qual é a relação da espiritualidade com a moral, a ética e as regras da vida cotidiana.

**Acreditamos
nos livros**

Este livro foi composto em Adobe Garamond Pro, Bliss Pro
e DK Sushi Bar e impresso pela Geográfica para a
Editora Planeta do Brasil em outubro de 2021.